Bo Promesa Mi Orashon

Priscilla E.L. Krolis

Copyright © Priscilla Krolis
Bo Promesa Mi Orashon
Publisher: Saved to Serve International Ministries
Manufactured in the USA 2021

ISBN:

Contents

Introdukshon	5
Gradisimentu	9
Dedikatorio	11
Kapítulo 1. Mi miedu	13
Bo promesa, mi orashon	23
Yama danki pa …	26
Pens'é, Not'é	
Kapítulo 2.	
Bendishon pa abo i ami	31
Bo promesa, mi orashon	46
Yama danki pa …	48
Pens'é, Not'é	49
Kapítulo 3.	
Firmesa pa keda para stret	53
Bo promesa, mi orashon	72
Yama danki pa …	74
Pens'é, Not'é	76
Kapítulo 4.	
Sigur, aseptá i balorá den Kristu	79

Bo promesa, mi orashon — 93

Yama danki pa ... — 97

Pensé, Noté — 98

Kapítulo 5. Bida na abundansia — **101**

Bo promesa, mi orashon — 118

Yama danki pa ... — 122

Pensé, Noté — 123

Kapítulo 6. Felis i yen di Goso — **127**

Bo promesa, mi orashon — 139

Yama danki pa ... — 142

Pensé, Noté — 143

Kapítulo 7.

Mi GPS: Guiansa Personal di Señor — **147**

Bo promesa, mi orashon — 160

Yama danki pa ... — 163

Pensé, Noté — 164

Kapítulo 8.

Bo Palabra, mi desishon — **167**

Mi orashon na Dios — 171

Fuente — 172

Introdukshon

Bo ke bendishon? Bo tin miedu? Bo ke siña para fuerte? Bo ke sinti bo sigur? Bo ta deseá un bida abundante? Bo ke tin goso?

E buki akí lo guia bo na e kontesta riba kada pregunta. Bo ta haña un splikashon na un forma kla kiko Dios ta bisa di e temanan akí i kon pa apliká nan na bo bida diario. Meta di e buki ta pa yuda bo hasi orashon i para riba algun di Dios Su promesanan den diferente situashon, ku konstantemente bo ta haña bo mes konfrontá kuné.

Orashon ta nifiká papia ku Dios. I kon bo ta hasi esaki? PidiÉ yudansa, pero tambe bisÉ kon gradesido bo ta n'E.

E buki akí lo duna bo diferente promesa i forma kon pa usa kada un di nan. Asina bo por hasi orashon ku mas konfiansa i spera un kontesta di Dios pa kada un di bo petishonnan. Komo resultado lo bo tin e forsa pa enfrentá bida i tur su retonan.

Kisas bo ta puntra bo mes: "Dios a primintí mi algu? I ki ora mi por sa si loke El a primintí den Beibel ta konta pa ami tambe?" E palabra Beibel ta bini di e palabra griego "biblia", ku tradusí ta nifiká "buki". Pasobra Beibel ta konsistí di vários buki i huntu nan ta forma e Beibel. Den e bukinan bo ta haña diferente orashon, lei, kantika, historia i palabra sabí. Den Beibel tin dos tipo di promesa: promesa general i promesa spesífiko. E diferensia ta ku promesa general ta konta pa tur yu di Dios. Den kapítulo

8 di e buki akí, bo ta haña mas splikashon tokante e tema "yu di Dios". Un ehèmpel di un promesa general bo ta haña den 2 Timoteo kapítulo 1, versíkulo 7: *"Pasobra Dios no a duna nos un spiritu di temor, sino di poder i di amor i di sano huisio."* Esaki ta un promesa di Dios ku si bo pidiÉ ku konfiansa, E lo sòru di kita bo miedu i kambia esaki den forsa, amor i dominio propio.

Kontrali na promesa general, promesa spesífiko ta hasí pa un sierto grupo di persona den un sierto situashon. Un promesa spesífiko, bo ta mira por ehèmpel den Lukas kapítulo 1 versíkulo 31, ku ta bisa: *"I mira, lo bo konsebí den bo matris i duna lus na un yu hòmber, i lo bo yam'E Jesus."* Naturalmente e promesa akí ta konta spesífikamente pa un persona den un sierto situashon, den e kaso akí Maria, kende a duna lus na un yu hòmber, Kende ta Hesus. Mayoria bia bo por mira na ken realmente e promesa ta dirigí den e frasenan promé i esnan despues di e versíkulo mes.

Promesanan ku lo trata den e buki akí, por yuda bo dil ku miedu, kon pa bo ta un bendishon pa bo mes i pa otro rondó di bo. Tambe kon pa bo por enfrentá bida i su retonan ku firmesa. Den e buki akí lo menshoná algun promesa ku, unabes bo kere i hasi nan parti di bo bida, lo yuda bo biba aseptá, sigur i balorá pa motibu di ken Kristo ta i pa e loke El a hasi pa bo. A la bes, e buki akí lo trata kon pa bo por hiba un bida na abundansia, yen di goso, guiá pa Dios mes.

Na momento ku bo komprondé Beibel mihó, bo ta siña biba Dios Su Palabra na un forma práktiko, miéntras bo ta bibando den un mundu moderno.

Un forma pa apliká e loke Dios ta bisa na un manera práktiko, ta dor di hasi orashon basá riba e loke Dios ta bisa; Su promesa. Orashon ta simplemente ora bo ta papia ku Dios, habriendo bo kurason. E konosé bo i sa klaramente tur loke ta biba den bo. Pues, ken mihó ku Dios pa bo papia tur kos kunÉ? Dios tin diferente forma pa papia ku bo, por ehèmpel ora bo ta lesa Beibel i bo ta sinti konvensí ku Dios ta guia den un sierto área. Tambe a traves di konseho di un otro persona, den un mensahe, un buki òf un programa na radio òf riba media sosial.

Na fin di kada kapítulo den e buki akí, ta sigui un orashon basá riba e promesa ku mas a bin dilanti den e teksto. Usa esaki komo bo modelo, dor di skirbi bo orashon riba e espasio bashí. Pues, sinti bo liber pa pone den bo orashon mas promesa segun e tema en kuestion. Despues di kada kapítulo bo ta haña páginanan bashí pa hasi bo propio anotashonnan ariba. Usa esaki segun mester.

Na e último página di kada kapítulo bo ta haña un tabèl. Aki ku tur konfiansa bo por nota pa bo mes, kada momento durante kua tiki tiki pero sigur, bo ta mira kon Dios ta yudando bo, pa haña viktoria riba e lucha presentá den e kapítulo. Esaki ta un proseso; komo hende bo ta keda ku lucha. Sin embargo, si bo ta un yu di Dios, Dios ta yama bo pa bo biba ganá, den viktoria kual solamente E por ofresé.

No opstante e fase di bida ku kada hende muhé ta aden: komo esposa, mama, soltera, biuda, studiante, diborsiá, Dios tin un plan grandi i bunita pa kada persona. E reto na bo ta, pa no limitá Dios. Konfia Dios kompletamente ku bo kurason, sabiendo ku El a krea bo, p'esei E ta e úniko ku por warda bo kurason. Lo bo laga un persona deskonosí pa bo, kuida bo pòtmòni òf skeiru di djente? Te na ora bo enkargá un otro mes ku un di nan, lo bo wak ku masha kuidou ta ken e hende akí ta, promé bo dun'é un enkargo asina sagrado. Meskos ta konta pa bo kurason. Duna bo kurason na Dios, sabiendo ku bo kurason ta e fuente di bo bida. I asin'ei hasi Dios bo fuente di bida, manera Proverbionan 4:23 ta bisa: *"Warda bo kurason riba tur kos, pasobra e ta e fuente di bida."*

Trata e buki akí, manera bo propio diario!

Gradisimentu

Na promé lugá mi ta gradisí Hesus pa un dia a ofresé Su bida pa asina ami por biba. Tur loke mi tin i a siña te ku awor, ta danki na djE. E ta un parti grandi di mi bida; mas ku esaki, E ta mi bida kompleto.

Alabes, mi ke yama danki na kada ruman di e Iglesianan ku mi ta forma parti di dje. Boso ta manera un famia pa mi i tin un lugá spesial den mi kurason.

Ademas, mi ta gradisí:

Mi tata, Humphrey Krolis: pa tei pa mi den tur momento, ku guiansa i konseho. Danki pa animá mi pa hasi e loke ta korekto, asta ora mi no ta sinti pa hasi esei. Danki pa yuda forma mi, eduká mi i pa mustra mi e modelo di un hende hòmber ku ta stima Dios i ta dediká su mes na su famia. Danki pa bo trabou inkansabel i pasenshi.

Mi rumannan di sanger, Christine Paula - Krolis i Humphrey (Tony) Krolis jr.: hopi tempu nos a kompartí kresiendo huntu komo famia. E dushi eksperensianan di bida i kombersashonnan te anochi lat hariendo duru, tur a yuda forma e buki akí. Apesar di e distansia físiko, mi ta yama Dios danki ku ainda boso ta atento pa ku mi, komo boso ruman chikí.

Stephany Calmes: danki pa keda ku mi stret for di mainta te anochi lat, lanta mainta sigui riba dje atrobe. Danki pa duna mi di bo tempu i pa kue e idea, kombin'é ku bo profeshonalismo i forma e mihó diseño ku mi por a imaginá mi mes.

Lilian Paula - Crestian, Zjumira Wout, Lakeisha Solórzano Ruiz i Gil - Marie Mercelina: mi ta gradesido ku boso a pone boso mes disponibel pa lesa, hasi e korekshonnan nesesario i pa bini ku tremendo sugerensia pa asina hisa nivel di e teksto, i mas ku e teksto, e buki mes.

Vanessa Martis: danki pa bo entusiasmo, esfuerso i pasenshi den hasi makiahe i saka potrèt pa e buki, apesar ku bientu i solo nèt e dia ei tabata sinti mas pisá ku nunka.

Gina Margaretha, Ilse Lomp, Golda Candelaria, Joceline Santiroma, Norinda Poppen i Merugia Dijk: kada bes mi kòrda riba boso, mi ta yama Dios danki pa kada un di boso pa e echo ku boso tei pa mi den tur momento i pa tabata parti di e proyekto akí.

Randolf i Noralyne Mercelita, Ruben (Tico) Hooi i Ijolène Constancia - Klabér: danki pa kada konseho, guiansa i sugerensianan ku boso a duna mi. Boso perspektiva i palabranan di ánimo, a yuda forma mi lèsnan di bida kompartí den e buki akí. Danki pa boso pasenshi pa ku mi; kombersashonnan ku nos ta planea pa dura algun minüt, ta kaba despues di oranan largu.

Miralda Paula - Frans: danki pa habri bo kas, pa skuchá mi i pa sosten é mi ku konsehonan di bida. Danki pa motivá mi pa kue kada eksperensia, siñansa i pone esakinan riba papel. Na kuminsamentu esaki tabata mustra difísil, pero ku bo pasenshi, dedikashon i profeshonalismo e buki akí a bira un realidat. Danki pa bo ehèmpel i dedikashon pa biba e bida manera Dios ke.

Drs. Luisette Kraal: danki pa "coach" mi durante henter e proseso, pa finalmente nos publiká e buki akí. Mi ta masha agradesido i impreshoná pa bo energia, entusiasmo, profeshonalismo i sakrifisio den traha dirigí. Kada konseho i idea práktiko a yuda kristalisá e soño di skirbi e buki akí. Mi ta kòrda bèk riba e seshonnan di "coaching" ku nos tabatin te anochi lat. Banda di e trabou duru, nos por a hari duru huntu tambe. Danki pa karga e proyekto akí i mas ainda, bo tin un lugá spesial den mi bida personal.

Tin mas persona ku a yuda kontribuí den realisá e buki akí. Un danki di kurason na kada un di boso.

Dedikatorio

E buki akí mi ta dedik'é na mi mama, Mirta Krolis - Candelaria. Danki pa duna mi un bon ehèmpel di kon un hende muhé mester ta. Un señora konsistente, amabel, sinsero, ku kurashi pa hasi loke ta bon. Bo bunita ehèmpel ta di inspirashon pa mi bida i pa mi por a skirbi e buki akí.

Si mi no tabatin bo komo mama lo mi a skohe bo komo amiga.

Kapítulo 1. Mi miedu

"Miedu di morto, ta stroba bo di biba, pero no di muri."

Kuantu bes bo a yega di lucha ku miedu? Kuantu bia miedu a stroba bo di biba felis? Miedu ta stroba bo di logra bo meta?

Unabes miedu no por dominá mas, lo sobra lugá pa pone un meta i traha dirigí pa logr'é. Asina miedu no por stroba ni kita bo afan di bai dilanti.

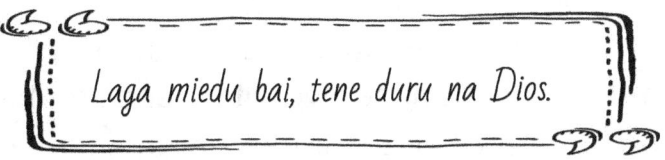

Laga miedu bai, tene duru na Dios.

Kisas bo ta puntra bo mes, kon pa mi hasi esaki?

Promé ku kontestá e pregunta akí, ban wak un storia real den Beibel den e buki di Ruth. Aki bo ta haña un ehèmpel di un señora, ku tabata yama Noemí. Noemí huntu ku su kasá i su dos yunan hòmber a bai for di Israel, e pueblo di Dios, pa asina hui pa e tempu di hamber ku Israel tabata pasando aden na e momento ei, i a bai biba nèt na e lugá di e enemigu, Moab. Despues di añanan ku Noemí i su famia ya a stablesé na e tera di Moab, a bin un temporada di skarsedat di kuminda pisá na Moab. Noemí su kasá i su dos yunan hòmber a bin fayesé. Noemí ku a bai pa pasa mihó, a keda su só.

Noemí i su famia a kore bai skonde serka e enemigu. I hustamente loke nan a bai skonde p'e, Noemí a bin topa di nobo. Noemí a sali for di hamber ku e deseo pa buska algu mihó, pa despues bin topa e mesun problema atrobe. I huntu ku e problema, morto di tres miembro di famia yegá den un fregá di wowo. Pues, lamentablemente e famia akí a tuma un mal desishon i a bin bèk mará. Te na e punto ku ora Noemí a bin bèk su kas, el a bisa e hendenan rondó di dje pa yam'é "mara", ku ta nifiká "amargá", segun Ruth 1:20-21: *"I el a bisa nan: "No yamami Noemí; yamami Mara, pasobra e Todopoderoso a tratami ku hopi amargura. Mi a bai yen, ma Señor a tresemi bèk bashí. Pakiko boso ta yamami Noemí, siendo ku Señor a duna testimonio kontra mi i e Todopoderoso a afligími?"*

Den e tempu ei hende muhé no tabatin derecho manera nos konosé awendia. Hende muhénan tabata haña balor na momento ku nan tin un kasá, yu i spesialmente ora ta yu hòmber. Den Noemí su kaso e tabatin dos yu. Mirando esaki, Noemí a konsiderá su mes yen, i awor ku su kasá i dos yunan a muri, e tabata sinti su mes bashí. Pues, den Ruth 1:20-21 bo ta mira klaramente Noemí su patronchi di pensa.

Ademas, e "bashí" akí ku Noemí tabata sinti, no solamente tabata referí na e morto di su famia, ma tambe na morto di e seguridat komo hende muhé i su penshun. Tambe na morto di su soño i logronan na e momento ei den su bida. Den Ruth 1:21 bo ta mira ku Noemí tabatin miedu. Dor di morto di su kasá i yunan, Noemí a wak únikamente riba su pèrdida i a bira amargá.

Ruth i Orpah tabata biuda di e yunan hòmber di Noemí. Noemí a despedí di nan bisando ku awor ku su kasá i yunan a fayesé, e no tin nada mas di ofresé nan. Orpah a skohe su kaminda i a bai kas di su tata. Asina el a keda biba na Moab. Miéntras ku Ruth si a insistí pa regresá Israel huntu ku Noemí.

Ruth tambe a sufri pièrdè manera Noemí; el a pèrdè su kasá. Apesar di esaki Ruth su insistensia pa keda ku su suegra, ta mustra e fe i kurashi ku e tabatin. E no a laga miedu paralis'é, aunke ku manera Noemí e tambe a pèrdè su seguridat komo hende muhé. El a keda su só atras i sin yu. Tuma nota di algun diferensia entre Ruth i Noemí:

- o Ruth a skohe pa bandoná su pais, Moab, na unda el a nase i a biba. E ambiente ku e tabata asina kómodo den dje pa sigui huntu ku Noemí na un kaminda deskonosí p'e;

- o Ruth a skohe pa konosé e Dios di Noemí, pues el a kambia di su religion pa bai tras di e Dios ku Noemí tabata sirbi;

- o Unabes na Israel, Ruth a buska i a haña un trabou. Un trabou humilde pa kuida pa su mes i su suegra Noemí. Esaki, miéntras ku e no tabatin ningun tipo di obligashon ku su suegra;

- o Ruth su fe den Dios a kondusí na un mihó bida pa nan.

2 Timoteo 1:7
"Pasobra Dios no a duna nos un spiritu di temor, sino di poder i di amor i di sano huisio."

I kiko Dios ta bisa tokante di miedu? Ta opvio ku Beibel ta papia di miedu, pasobra Beibel ta e manual di Dios pa hende. I miedu ta un sintimentu masha komun pa hende. Den 2 Timoteo 1:7 bo por mira ku miedu ta un spiritu ku ta bin pa kita bo forsa, amor i sano huisio. Dios ta duna bo e chèns pa para firme kontra miedu. Anto Moisés ta kaba di splika dikon bo no mester tene miedu den Éksodo 14:13; *"Ma Moisés a bisa e pueblo: "No tene miedu! Para firme i mira e salbashon di Señor ku E lo prepará pa boso awe; pasobra e egipsionan ku boso a mira awe, hamas i nunka boso lo bolbe mira nan."*

Dios, pa medio di Moisés, no ta djis bisa pa no tene miedu, pero tambe ta mustra bo kon pa no tene miedu, esta pa para firme den Señor i enfoká riba e salbashon ku Dios tin pa bo. Salbashon pa medio di Hesus. Si bo fiha riba Hesus, miedu mester bai laga bo. E opstákulonan ku a bin den bo kaminda pa duna bo miedu, nunka mas lo bo mira esakinan!

Awor, ban kontestá e pregunta hasí na kuminsamentu,

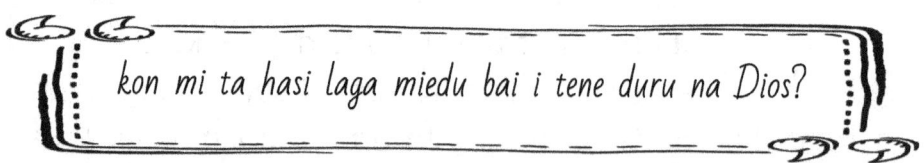

kon mi ta hasi laga miedu bai i tene duru na Dios?

Kada bia ku un pensamentu ku tin di hasi ku miedu pasa den bo mente, bo no ta sigui pensa riba esaki i lag'é daña bo beis pa e momento ei, òf kisas asta henter bo dia. Mesora bo ta bai menshoná algu ku Dios a bisa abo spesífiko tokante di miedu.

> **1 Juan 4:4**
> *"Boso ta di Dios, yu chikitunan, i boso a vense nan; pasobra mas grandi ta Esun ku ta den boso ku esun ku ta den mundu."*

Pues, kada bia di nobo ora miedu lanta, sigui menshoná e versíkulo di 2 Timoteo 1:7, den bo mes òf asta si ta nesesario na bos haltu. Aktualmente nos ta bibando den un temporada na unda ta eksigí tapaboka. Probechá bon di esaki. Mirando ku miéntras ku bo tin esaki bistí, bo por bisa bo versíkulo na bos haltu i ku konfiansa, tòg hende lo no ripará mes ku bo ta papiando bo só ku bo só. E punto mas bien no ta djis pa bisa òf ripití un versíkulo, manera ta un poema ku ta rima. Importante ta pa bo kere den bo kurason ku loke Dios ta bisando bo, ta e bèrdat. I hasiendo esaki, lo bo mira Dios move mas ainda den bo bida na bo fabor.

Kisas e situashon ku ta kousa bo miedu, lo no kambia mesora. Ma apesar di e situashon fèrfelu, bo tin e abilidat di rekonosé oportunidatnan ku presentá bo dilanti, tambe bo por ta prepará i aseptá esakinan ku konfiansa, sin limitá bo mes. Semper bai, pidiendo Dios pa yuda bo skohe sabí ki ora si i ki ora nò. Lo tin momento ku bo tin di bisa "nò". Pero en todo kaso, no laga bo "nò" ta basá ariba e miedu ku bo ta sinti ora yega momento ku bo tin di skohe den algun opshon bo dilanti. Evaluá pa bo mes; tin un di e opshonnan akí ku mas ta terorisá bo? Kisas ta nèt e opshon ku mas miedu bo tin di dje, ta presisamente esei Dios ta guiando bo pa skohe?

Bo tin un amigu ku bo tin hopi konfiansa kuné? Awèl, papia ku Dios manera ku ta ku un amigu bo ta kombersá kuné. I Dios lo papia bèk ku bo i mustra bo si E ke pa bo usa e chèns òf probechá di e oportunidat akí, pa spantoso ku esaki por mustra spesialmente na kuminsamentu.

1 Juan 4:4 ta bisa ku bo ta di Dios, i bo a vense. Pasobra mas grandi ta Esun ku ta den bo, ku esun ku ta den mundu. Ke men ku ora bo tin Hesus den bo kurason, E ta den bo bida i E ta mas grandi ku bo mes, ku Satanas i tur otro faktor ku ta kousa bo miedu. Kana ku e konfiansa akí i sabi ku Dios ta muchu mas grandi ku tur otro ser i kualke arma. E ta biba den bo kurason, si di bèrdat bo a asept'É den bo kurason. Satanas por purba na spanta bo, pero e no por yega serka bo, a ménos ku abo mes pèrmitié. I asta si e yega serka di bo mes, e no por hasi bo nada. Solamente ku pèrmit di Dios, Satanas por kousa molèster den bo bida. Basta bo duna Dios e chèns, asta e kosnan laf akí ku Satanas ta bini kuné, Dios lo usa pa bo bon.

Despues 1 Juan 4:8 ta bisa: *"Esun ku no ta stima no konosé Dios, pasobra Dios ta amor."* Esaki ta nifiká ku no solamente Dios *tin* amor pa bo, pero E mes *ta* amor. Pues, parti di Su karakter komo Dios ta amor. Ke men Dios no por stòp di tin amor, sino E lo a stòp di *ta* Dios. Esaki ta mustra kon leu Dios ta bai den Su amor pa bo. 1 Juan 4:18 ta bisa: *"Amor no konosé miedu; ma amor perfekto ta kore ku miedu, pasobra miedu tin di hasi ku kastigu, i esun ku tin miedu no a wòrdu hasí perfekto den amor."* Amor no konosé miedu, esaki ta nifiká ku kaminda Dios ta den kontrol, tin amor i no ta sobra espasio pa miedu. Ma, kaminda tin miedu, esaki ta kousa separashon entre hende i Dios.

Esaki por mira klaramente tambe entre Noemí i su manera di mira Dios. Debí na Noemí su miedu pa konfia Dios bèk, el a mira Dios komo un enemigu, Kende ta buska pa torment'é enbes di mustr'é amor. Si bo ta kere mas den bo miedu, ku den e loke Dios ta bisa tokante bo propósito di bida i e forma kon bo mester logra esaki, lo bo frakasá sigur. Mas bien, ya bo a frakasá kaba!

Proverbionan 1:33 ta bisa: *"Ma esun ku skuchami lo biba konfiadamente, i lo biba trankil, sin miedu di maldat."* Den e versíkulo akí Dios ta bisa ku esun ku skucha na Dios i hasi loke E ke, lo biba konfiadamente. Pues lo bo biba trankil, sin miedu di maldat. Maldat lo sigui sosodé. Lamentablemente maldat lo sigui bati na bo porta. Pero en todo kaso, bo no mester keda biba ku e miedu, e hansha kontinuo ku algu malu lo sosodé. Ta fásil pa teme, pèrdè kabes pa posibel peliger. I te na ora e peliger sosodé mes, bo no ta sobra forsa pa bo dil kuné. Pasobra bo a usa tur bo energia promé ku tempu.

Kambia bo manera di pensa i outomátikamente bo aktitut tambe ta kambia. Dikon? Pasobra enbes di sigui konsentrá ariba kada un di bo miedunan, bo mente ta enfoká riba Dios; kuantu poder E tin i e plannan grandi ku E tin pa bo bida.

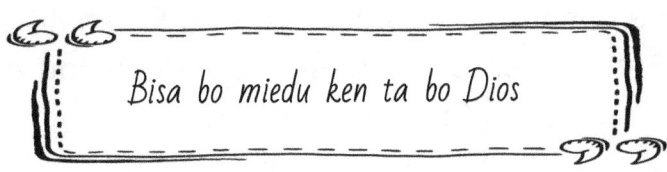

Bisa bo miedu ken ta bo Dios

Deskribí pa bo mes den e buki akí riba e blachinan pa anotashon, e situashon ku tantu bo ta teme. Bou di bo deskripshon, bo ta traha dos kolòm. Na e banda robes, bo ta lista bou di otro kada kos ku por bai malu. Na e banda drechi, bo ta traha un lista di tur loke por bai bon. Skirbi mas tantu posibel. Na final, saka un konklushon pa bo mes. Despues evaluá esaki i pon'é riba e papel te abou.

Estudio ta mustra ku alrededor di 85% di kosnan ku hende ta teme, no ta sosodé. Ora bo purba, si bo ta logra esaki kompletamente òf nò, bo ta en todo kaso un stap mas dilanti di loke bo tabata. I unabes bo bai p'é, bo ta mira ku realmente e no ta asina spantoso manera e ta mustra. Puntra e promé astronaut Neil Armstrong (1930 - 2012) ku a logra yega luna, Carl Benz komo e promé hende ku a inventá outo (1844 - 1929), señora Madam C.J. Walker (1867 - 1919) ku a inventá streit pa kabei òf tambe Walt Disney (1901 - 1966) i Colonel Sanders (1890 - 1980). Nan no a laga miedu ni kontratiempo stroba nan di logra nan meta.

Segun e revista Forbes, promé ku Walt a lanta su kompania di animashon "Walt Disney", algun aña promé nan a kit'é for di trabou, pasobra su doño a haña ku e tabata falta kreatividat. Durante tempu banko i kompanianan di finansiamentu a neng'é finansiamentu sigur 300 bia. Miéntras ku awor hende rònt mundu ta paga pa opservá i gosa di Disney su kreatividat i imaginashon. Presisamente e loke su doño di trabou anterior a akus'é ku e tabata falta. Ironia, no?

Colonel Sanders ta e kreadó di Kentucky Fried Chicken, KFC. Vários bia nan a kita Colonel Sanders for di trabou entre otro pasobra el a bringa. Despues di un par di aña e motèl i restorant ku el a logra kumpra a kima kompletamente. Apesar di tur esakinan i mas, el a logra funda KFC. Aktualmente KFC tin alrededor di 24.000 lokalidat den mas di 145 pais ròntmundu. Sanders opviamente tabata hopi determiná. E no a laga nada ni ningun hende strob'é. E ta un bon ehèmpel pa nos. Djis no bringa sí!

Bo a yega di pasa den e eksperensia akí? Na mucha, bo ta den kurá di hunga na skol. Bo ta konta e muchanan den kurá ku smak kon dushi nan a drecha pan pa bo awe. Miéntras bo ta papia ku entusiasmo, un otro mucha ta kore bin ranka bo pan for di bo man bai kuné. Bo ta ranka un kareda, bai su tras, miéntras esun ku a ranka bo pan ta bela yen bo dilanti. Awor, pa chikitu ku bo ta, bo sa ku no ta nèchi pa menasá un otro. Pero bo pan ta asina bon, ku bo ta menas'é numa, bisando: "Sigui bo kore; ami t'ei bisa mi ruman grandi riba bo!" E mucha ta sigui kore, hariendo manera ku nada no a pasa. Despues e ta wak patras pensando ku e lo sigui mira abo òf un di bo amiganan ta bin su tras. Pero pa su di malu, ta bo ruman grandi ta biniendo su tras. Bo ruman su sombra ta kasi tapa e mucha ku a ranka bo pan for di bo. Promé ku esun ku a ranka bo pan ke reakshoná, ya el a haña su mes bentá abou riba suela ku e pan plèchá, bentá banda di dje. I bo ruman grandi ketu bai riba e mucha.

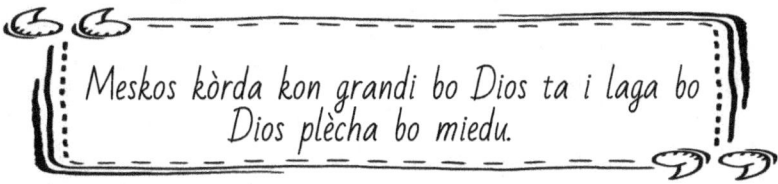

Meskos kòrda kon grandi bo Dios ta i laga bo Dios plècha bo miedu.

Bo a mira diferente ehèmpel di hendenan ku a superá nan miedu. Komo konsekuensia nan a logra un soño grandi pa nan bida. Abo ta deseá meskos pa bo bida? Laga bo miedu sirbi komo un reto mas ku bo ta surpasá. I bira ainda mas fuerte ku promé!

Bo promesa, mi orashon

Tata na Shelu, mi ta rekonosé ku hopi bia mi ta sinti miedu. Miedu di muri, miedu di problemanan ku mi mester enfrentá. Kada un di mi miedunan mi ta duna na Abo. Mi ta gradisí Bo ku Bo Palabra ta yen di bunita promesanan, ku ta siña mi biba liber di miedu. Awe mi ta kue e promesa akí i us'é pa mi mes bida. Konsiente ku Tata ta ku mi tur momento i ku Bo ta mas grandi ku kualke situashon ku mi por haña mi aden. Mi ta skohe pa kere Bo Palabra i Bo promesanan pa asina mi vense miedu manera Bo Palabra ta bisa. Yuda mi tuma kada desishon, tantu chikitu komo grandi, na un manera sabí i no kontrolá pa miedu. A kambio di mi miedu, mi ta aseptá poder, amor i sano huisio for di Tata Su Promesanan. I mi ta dediká mi mente pa pensa riba e promesanan di e Palabra di Dios kada bia ku mi haña miedu. Mi ta skohe pa laga miedu bai i tene duru na Abo i Bo promesanan. I Abo poko poko, pero sigur, kambia mi di un hende muhé ku miedu, pa un muhé ku sa di konfia den Bo i ku sa ken Abo ta bisa ku mi ta. Hasi mi kere, biba sin miedu i asina mira tur loke Abo tin wardá pa ami i mi famia. I unabes mi pasa riba miedu, trese un otro persona den mi kaminda di manera ku ami por kompartí kuné i asina yud'é surpasá su miedu. Den e nòmber di Kristu Hesus. Amèn!

Yena den e espasio bashí kon bo por apliká e orashon akí na bo bida: ....

....
....
....
....
....
....
....
....
....
....
....
....
....
....
....

Deskribí pa bo mes, kon e versíkulonan akí por kambia bo bida:

1 Juan 4:4

1 Juan 4:8

1 Juan 4:18

Proverbionan 1:33

Segun mester, usa e páginanan bashí pa hasi anotashon libremente!

Yama danki pa ...

kada bes ku bo tin ménos miedu i ta papia mas ku Dios:

Fecha	Mas orashon, ménos miedu

	Yena e hòkinan, segun mester! Si mester di mas espasio, sigui riba e páginanan bashí pa hasi anotashon! Kompartí ku un otro persona kada bes ku bo tabatin viktoria riba miedu!

Pens'é, Not'é!

Pens'é, Not'é!

Pens'é, Not'é!

Pens'é, Not'é!

Kapítulo 2. Bendishon pa abo i ami

"No djis konta bo bendishonnan. Sea e bendishon ku otro hende por konta kuné."

Hopi bia bo ta kuminsá un frase òf un èp ku e palabra "bendishon". Pero kiko realmente bo ke men ku e palabra "bendishon"?

Un ehèmpel di un bendishon ku bo por tin, ta un bon sosiegu, spesialmente despues di un dia largu na skol òf trabou pafó òf tambe di den kas. E sentido di alivio ku bo a logra kaba tur bo tareanan, i awor bo por subi kama trankil. Benjamin Franklin, un persona importante pa e historia di Merka, a yega di bisa: "Si bo drumi trempan i lanta trempan, esaki ta hasi bo salú, riku i sabí!" Awor e parti di "riku" mi no por primintí, pero loke si ta un echo ta ku estudionan ta demostrá ku drumi sufisiente, pues pa un adulto entre 7 pa 8 ora pa anochi, ta baha bo chènsnan di haña malesa i asina biba mas largu.

Protekshon tambe ta un bendishon: Na momento ku por ehèmpel for di un aksidente grave di outo, bo a sali ku tiki sla òf asta niun sla na kurpa. Un hende por bisa: "E señora òf yùfrou ei tin hopi suerte!" Mi ta kere ku "hopi bendishon!" ta e palabranan adekuá pa esei.

Un bendishon mas por ta bo trabou. Kisas bo ta mira trabou djis komo un manera pa yega na sèn, haña hende papia kuné, òf komo un okashon pa bisti nèchi. Ma trabou realmente ta: "un bendishon pa sirbi otronan ku bo talento, don i tambe proveé pa bo mes nesesidatnan i di esnan di bo famia." Si bo mira trabou komo un bendishon, su siguiente mainta lo bo lanta ku muchu mas ánimo, baña bo kurpa, peña e kabeinan i sali kas pa bai trabou.

Otro bendishonnan por ta, e echo ku bo tin sufisiente kos di kome i bebe, tambe, paña pa bo bisti i dak riba bo kabes. Esei por ta un kas propio òf unu ku tin na bo disposishon pa bo hür. I riba tur kos e echo di disfrutá di bon salú, ta un bendishon. Kual ta nifiká e estado di un persona, yen di forsa i liber di malesanan físiko òf mental.

Ademas, un bendishon grandi ta ora bo ta na pas ku Dios. Na pas den e sentido ku bo a aseptá Hesus den bo kurason, pues bo ta Su yu. I kada bia ku bo faya den loke bo a pensa òf hasi, bo ta pidi Dios pordon. I bo sa ku Dios ta pordoná bo i na mes momento ta yuda bo krese i bira kada dia mas manera e muhé ku E ke pa bo ta. Mas ku kualke otro bendishon material ku un persona por tin, esaki ta un *bendishon spiritual*.

> **Numbernan 6:24-26**
> *""Ku Señor bendishonábo i wardabo;*
> *ku Señor hasi Su kara resplandesé riba bo,*
> *i tene miserikòrdia di bo;*
> *ku Señor halsa Su kara riba bo, i dunabo pas.""*

Awor kiko realmente e palabra *bendishon* ta nifiká?

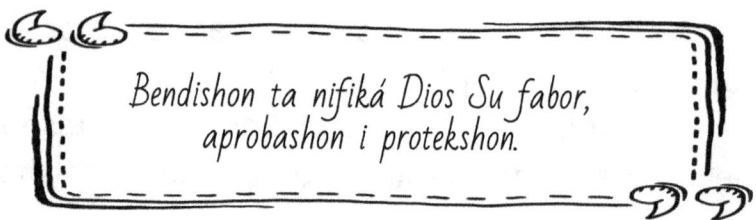

Bendishon ta nifiká Dios Su fabor, aprobashon i protekshon.

E ta algu ku ta kondusí na felisidat òf éksito. Den Numbernan 6:24-26 Dios mes ta papia kla tokante e tema di bendishon.

Awor na ki momento Señor Dios ta hasi Su kara resplandesé riba bo? Esaki ta sosodé kada bes ku un tata - den e kaso akí Dios - ta wak Su yu i ta smail, demostrando asina ku E ta kontentu ku Su yu. Pa kualke yu, esaki ta hasi bo sinti sigur. Imaginá bo felis i eksitoso den tur loke bo ta hasi, alabes eksitoso den bo famia, trabou, relashonnan, emoshonnan i pensamentunan. Un famia bendishoná ta un famia ku ta felis, ku alabes ta hasi otronan rondó di nan tambe felis. Trabou bendishoná ta ora bo tin un trabou kaminda bo ta usa bo talento òf don miéntras bo ta sòru pa proveé pa bo nesesidatnan i esnan di bo kas. Bo ta papia di un relashon bendishoná ora bo tin un bunita laso di amistat ku otronan. Bendishoná den bo emoshonnan i pensamentunan, ta e echo di tin emoshonnan i pensamentunan sano.

Esakinan ta djis algun di e diferente bendishonnan ku un hende por tin den su bida. Awor na banda di *tin* bendishonnan material, bo por *ta* un bendishon tambe. Kisas bo ta hasiendo bo mes e pregunta: "Kiko ke men pa *ta* un bendishon?" Un persona ta konsiderá un bendishon pa otro, na momento ku por ehèmpel e tabata un bon yudansa den algu òf den un fabor ku el a hasi pa un otro persona. Ta apresiá e hende akí pa ken e ta i pa loke ku el a hasi.

Mas ku kada bendishon ku bo tin òf bo ta risibí den bo bida, Dios ta spera di bo pa abo ta un bendishon pa un otro. I esaki bo por ta primeramente, dor di stima bo próhimo, manera Marko 12:30a ta bisa: *"Stima bo próhimo manera bo mes."*

Awor ken ta bo próhimo? Tur hende ku bo ta bin den kontakto kuné riba un base regular òf solamente pa un ratu.

Dios ta spera di bo pa stima e hendenan akí. Un forma di mustra bo amor na bo próhimo, ta dor di tin e aktitut pa hasi pa otro e loke ku tantu abo ta deseá pa un otro hasi pa bo. Enbes di bo keda enfrentá bida ku e pensamentu: "Kiko tin pa mi den e asuntu akí?" Hasi bo mes e pregunta: "Ku kiko ami por yuda kuné den e asuntu akí?"

Bida ta trese situashonnan difísil, doloroso kuné i hopi bia ta manera ku pa bira amargá ta e úniko opshon ku a keda bo. Tin di nos a eksperensiá por ehèmpel traishon den un pareha, tentamentu pisá na skol, aksidente ku a trese leshonnan físiko òf troumanan permanente na bo òf na bo ser kerí, pèrdida di un ser kerí di un forma violento i diferente otro tipo di dolónan físiko òf emoshonal. Esakinan no ta den bo man, pero loke si ta den bo man, ta bo reakshon pa ku loke a sosodé. Bo por skohe pa bira na Dios ku un fe grandi i den orashon pidi Dios pa E yuda bo pasa den esaki i laga amargura atras.

Bo ta skohe pa bira i *keda* amargá? Ora amargura haña chèns den bo bida, bo no ta gosa di bo bendishonnan te pa bo ta un bendishon pa otro.

Romanonan 13:8
*"No debe ningun hende nada,
sino solamente pa stima otro;
pasobra esun ku stima su próhimo a kumpli ku lei."*

Den Daniel 3:16 - 30 bo por lesa di un kaso na unda tres hóben a haña kastigu, pa motibu ku nan a nenga di hinka rudia i adorá e imágen di oro ku rei a laga traha, manera ta un dios e ta. I e kastigu akí tabata ku mester a tira nan den un fòrnu super kayente i outomátikamente nan lo muri. Ma Dios a kuida di nan, dor di drenta den e fòrnu huntu ku nan. I maraviosamente Dios a laga nan sali for di e fòrnu no solamente bibu, pero tambe sin holó di huma. Miéntras ku e trahadónan, ku riba òrdu di rei a tira e hóbennan den e fòrnu, si a muri.

Kiko mi ke splika ku esaki? Ku ta posibel pa bo pasa den situashonnan doloroso di bida, i keda na bida, anto sin keda ku holó di loke bo a pasa aden. Bo a yega di tende e ekspreshon: "Bo no ta hole e loke bo a pasa aden"? Si bo pidi Dios yudansa, E lo yuda bo surpasá kada eksperensia doloroso ku bo a pasa aden. E bendishon di mas grandi lo ta, na momento ku abo por usa kada lès ku bo a siña den e prueba akí pa yuda otro hende kuné. Kuantu hende ta kana rònt heridá; si solamente tin djis un persona saná i honesto sufisiente pa kompartí su eksperensia ku un otro i dun'é e alivio ku tantu e tin mester.

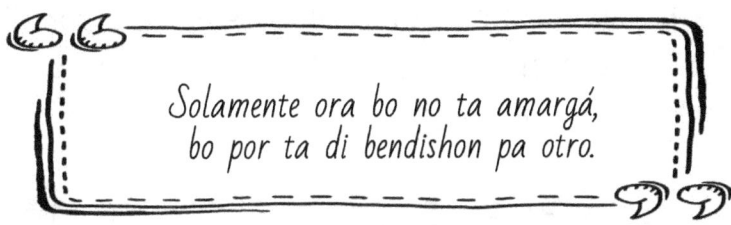

Solamente ora bo no ta amargá, bo por ta di bendishon pa otro.

Kiko ta nifiká ora un hende ta amargá? Ta na momento ku un persona ta mustra rabia, doló òf resentimentu pa motibu di mal eksperensianan bibá òf sintimentunan di un trato inhustu.

Ban wak e diferente maneranan ku Dios ta traha:

- o E por saka bo for di e tempu difísil ku bo ta aden, dor di tuma bo bida;

- o E por saka bo for di e situashon fèrfèlu akí dor

- di pone un fin dirèkt na e tempu difikultoso;

- E por laga bo keda den e tempu akí, ma E ta keda mustra bo ku E ta ei presente huntu ku bo, miéntras E ta moldiá bo i forma bo pa bo ta útil den bida.

Pues, bo por pidi Dios ku tur konfiansa pa e hasi un di e tresnan akí den bo bida. Saka bo for di e kandela ku bo por ta aden, dor di tuma bo bida, òf pa E bòltu e situashon akí na bo fabor. Òf tambe pa E bin kana ku bo den e momentonan fèrfèlu akí, manera El a hasi pa e tres hóbennan. Dios a pèrmití nan drenta e fòrnu, ma El a drenta huntu ku nan. E hóbennan tabatin e siguridat i konvikshon ku Dios lo a hasi un di e tres senarionan ei pa nan. Si bo ta un yu di Dios, bo tambe por tin e siguridat ei meskos ku nan. Kualkier di e senarionan akí ku Dios pèrmití bo pasa aden, di tur manera bo ta sali ganá i no perhudiká. E hóbennan akí a sali bibu for di e kandela. I no solamente bibu, ma tambe sin holó di huma; den e kaso akí sin amargura.

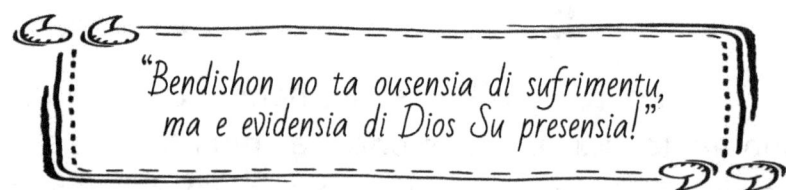
"Bendishon no ta ousensia di sufrimentu, ma e evidensia di Dios Su presensia!"

Ban mira e bida di un personahe di den Beibel, José, kende apesar di tur loke ku el a pasa aden, e tabata bendishoná.

Den e promé buki di Beibel, Génesis kapítulo 37 pa kapítulo 50 bo por lesa tokante e bida di "José" di Israel. José a pasa den tur sorto di kos; for di yòn el a eksperensiá envidia di parti su mes rumannan i intento di asesinato. Despues su mes rumannan a disidí, enbes di mat'é, pa bendé komo katibu, ku algun negoshante di otro pais, Egipto, ku e momento ei tabata pasando. Asin'ei José a yega Egipto i a bai traha pa su shon Potifar ku a kumpr'é. Segun tempu tabata pasa, Potifar a mira ku José tabata hasi un tremendo trabou i el a hasi José mayordomo di su kas. Pues, José a bira hefe di e otro sirbientenan. Asina ei José a sigui presta bon i Potifar tabata konfi'é ku tur e asuntunan di su kas.

No solamente Potifar a nota e tremendo trabou ku José tabata hasi, ma tambe Potifar su kasá. I pa un tempu largu, miéntras José tabata hasi su trabou, e kasá di Potifar tabata tira riba dje. Ma José no tabata ke a kai p'é. Beibel no ta duna muchu deskripshon di e señora su aparensia, edat... èts. Pero loke si ta un realidat, ku e hende muhénan kasá di hende hòmbernan prominente den e tempu ei, tabatin várops sirbiente. Ke men, por konkluí ku e señora akí no mester a kumpli ku ningun tipo di trabou di kas, manera kushiná, limpia kas o laba paña. Pues, e lo tabata un señora bunita representá. Tambe Egipto e tempu ei tabata konosí pa su mihó speserei komo pèrfume. En todo kaso, e kasá di Potifar tabata un señora bon kuidá i bon drechá.

E señora akí a keda insistí, sin embargo, José no tabatin fin di kai p'é. Un dia den su hansha i insistensia pa José drumi kuné pa kaba, el a dal man kue José tene. Ma José a sali kore bai, lagando su mantel atras den man di e señora. E señora a sinti'é rechasá i pa bèrgwensa a bai gaña su kasá Potifar, ku ta José a purba abusá di dje. Di e forma ei Potifar a laga sera José den prizòn. Awor notabal ta, ku den e tempu ei, si un trahadó, mas bien esklabu, kometé un akto kriminal, den e kaso akí intento di violashon, nan lo no a djis ser'é, ma mat'é. Aki nos por opservá ku e man di Dios tabata riba José pa e echo ku el a haña kastigu sí, pero parsialmente.

Despues siendo será inosentemente, di nobo José a destaká riba tur e otro prezunan. Pues Potifar mes, kende a laga ser'é na promé instante, a enkargué ku e otro prezunan. Segun tempu tabata pasa, José a bin konosé dos otro prezu, kendenan tabata trahadónan di Farao, e rei di Egipto di e tempu ei. El a yuda e prezunan akí i el a bisa un di nan, ora bo bai bèk bo puesto, kòrda riba mi. Ma te despues di dos aña, e trahadó ta bin kòrda bèk riba José. Asina nos por konkluí ku José den su bida a pasa den:

- o Envidia i traishon di parti di su mes rumannan;
- o Pasa di yu preferí pa esklabu;
- o Akusá inhustamente di intento di violashon;
- o Será den prizòn;
- o Lubidá i tambe neglishá pa un di e prezunan ku si a logra sali promé ku José.

Pues, si tin un hende ku tabatin rason pa a bira i *biba* amargá, tabata José. Ma no opstante José a keda ku un bon aktitut. Meskos ku José, bo tambe por skohe pa no keda sintá riba e stul di amargura. El a sirbi Potifar, el a sirbi den prizòn, el a bin bèk bin sirbi e pueblo. Solamente pasobra José a nenga di keda sintá riba e stul di amargura, e por tabata i ainda ta un bendishon pa nos te dia djawe.

Awor, puntra bo mes, kon abo tambe por ta un bendishon pa un otro? Dor di entre otro:

- Opservá rondó di bo si tin un hende muhé òf famia ku basta tempu bo no a mira ni tende di nan. Spesialmente den e tempu akí, den un "normal nobo" ku nos ta den, na unda otro reglanan ta konta. E por bira fásil pa nos pèrdè otro for di bista.
  Buska un forma práktiko pa yega na e personanan akí. E por ta dor di tuma e number di èp i manda e personanan akí un èp. Òf tambe dor di manda un mail òf skirbi un karchi i asina mustra interes sinsero den un otro su paradero.

- Kushiná algu di smak èkstra i hiba pa un otro;

- Bishitá i pasa tempu ku hendenan di edat mas haltu ku bo. Esaki no ta solamente dushi pa nan, pero bo mes tambe por siña hopi di bida for di e personanan akí;

- Tuma nota si rondó di bo tin un persona desanimá kisas pa kualke situashon difísil ku e por ta aden. Buska pa sa ku kiko bo por yuda pa chikitu òf simpel ku esaki por ta. Bo no por imaginá kuantu esaki por nifiká pa e otro. No buska pa sa detáyes di su situashon, mas bien mustra interes sinsero den e persona akí su bienestar;

- Mustra apresio na un forma kreativo. Un

forma ku bo sa sigur ku e persona lo apresiá;

- Di un manera spontaneo kumpra un regalito pa un otro;

- Puntra un hende kon a bai ku su dia òf siman, i skucha atentamente;

- Ofresé un famia òf un mama soltera ku tin yu chikitu pa beibi set e yu i asina e mayornan por haña tempu pa nan só. Nan por probechá pasa tempu huntu, praktiká un hòbi òf djis drumi sosegá e kurpa.

Asin'ei tin vários maneranan simpel i kreativo mas ku bo por mustra apresio sinsero na un otro òf djis ta di sostén i di bendishon p'e.

Ku un perspektiva nobo, bo manera di mira bida i bo aktitut lo kambia drástikamente. Un di e kosnan di mas fásil ta pa kritiká ku e meta pa destruí, kibra i / òf umiyá un otro enbes di hasi esei di un forma konstruktivo. Hende ta hasi esaki ora e ta ekspresá desaprobashon pa ku un otro persona òf pa ku algu. Hopi bia e persona ku ta kritiká pa destruí, kibra òf umiyá otro, ta hasi esaki pasobra nan ta sinti interesante, kada bes ku nan si por bisa e kos "mané" e ta".

Ora bida trese doló, desapunto, tristesa kuné, e ta komprendibel si bo kai sinta un ratu riba e stul di amargura. Pero, basta bo no keda sintá pa largu tempu, te pa bo invitá un otro kai sinta huntu ku bo den e stul di amargura ei. Lanta ariba! Ta solamente ora bo lanta for di e stul ei, bo por ta un bendishon, asta un inspirashon pa un otro.

Ora bo keda amargá, sin ke pordoná ta manera bo ta bebe venenu, miéntras bo ta deseá pa e otro muri. Bo mester laga lòs i pordoná. Esaki ta algu ku ta solamente Dios por yuda bo kuné i e ta un proseso. Tantu pa pordoná, pero tambe pa surpasá ta tuma tempu, pues prosesá e loke a sosodé. Sin embargo, pordoná no semper ke men ku e relashon tin di bai bèk manera e tabata anteriormente, sigur kaminda ku e aktitutnan robes ta sigui. Depende di e situashon i su gravedat, e por ta rekomendabel pa buska yudansa. No sinti bo malu si akaso bo tin ku buska yudansa. I unabes bo pasa riba e situashon doloroso akí, abo por ta e siguiente persona ku otronan por aserká pa yudansa.

Den bida bo mester ta sabí. No ta tur bia e intenshonnan di un hende ta opvio. No opstante bo mester ta:

- o Auténtiko òf ril ku tur hende: siendo bo mes den kualke situashon;
- o Transparente ku algun, dor di ta honesto i habrí, sin ta duna e impreshon di ta skonde kos;
- o Vulnerabel ku poko dor di entre otro ekspresá e loke realmente bo ta sinti.

Proverbionan 13:20 ta bisa; *"Esun ku anda ku hende sabí lo ta sabí, ma un kompañero di hende bobo lo sufri daño."* Dikon? Promé ku tur kos ban wak e nifikashon di e palabra "bobo". Dios ta yama un hende bobo, na momento ku e no tuma Dios i Su Palabra na kuenta, manera entre otro Isaías 32:6 ta bisa; *"Pasobra un bobo ta papia ko'i loko, i su kurason ta ikliná na maldat, pa kometé impiedat i pa plama eror tokante di Señor, pa no satisfasé e hende ku tin hamber, i pa nenga di duna awa pa bebe na esun ku tin set."*

For di e punto di bista akí, sòru di:

- o Stima tur hende manera Dios ke;

- o Balorá tur hende mes tantu, manera e kreashon di Dios ku nan ta, sin embargo

- o Tratá ku prudensia. Prudensia ta e kapasidat di un hende pa por midi e konsekuensianan di su akshonnan i aktua na un forma responsabel. Ademas, un persona prudente ta aktua na un manera hustu i ku kuidou, respetando e bida i libertat di otro.

E loke ku abo ke asina tantu, abo duna esaki na un otro. Mi ke rèspèt, apresio, komprenshon, amistat? Ami tuma e inisiativa dor di kuminsá duna esakinan i mas. Duna, ma sin spera nada bèk di e persona na kua bo ta duna esaki. Duna, sperando tur kos bèk for di Dios Su man. Di e forma akí lo bo no keda desapuntá den hende.

Ta amabel i asina ofresé bo amistat na un otro. No ta sabí pa bo tin un amistat será ku tur hende, pero si pa bo ta un bendishon pa tur hende rondó di bo. Bo no mester tin e kontesta pa tur kos òf e último palabra den kada asuntu. Ora bo bini ku un aktitut di ke siña mas òf e deseo di ke komprendé e otro, asta ora bo tin e kontesta mes, bo por djis skohe pa skucha e otro persona. Kaminda bo faya ku un otro, rekonosé e bèrdat, esta ku bo a faya. Pidi pordon i buska pa rekonsiliá ku e otro persona. Manera e dicho ta bisa: "Ora bo papia e bèrdat, esaki ta keda den bo pasado; ma ora bo gaña, esaki ta bira parti di bo futuro." Mas lihé atmití, e asuntu ta keda tras di lomba i asina e ta pasa pa historia. Ora bo gaña i bira rondó di e asuntu, e engaño lo bin bèk pa bo.

Kaminda mester papia e bèrdat, hasi esaki, ma semper ku grasia, manera Juan 1:14d ta bisa; *"...yen di grasia i bèrdat."* Ora ta papia e bèrdat so, sin grasia, esaki ta bira krueldat. Miéntras ku ora tin grasia so, por ehèmpel ora nos kue e aktitut ku tur kos por, tur kos ta bon, esei no tin muchu sentido. Pa esei ta importante pa pidi Dios duna bo e balansa pa yuda bo ta, manera E ta; 100% grasia i na mes momento 100% bèrdat.

Semper promé ku bo kritiká un otro na un manera destruktivo, hasi bo mes e preguntanan akí: "Kiko ta mi intenshon pa bisa òf remarká e loke mi ke bisa?" "Mi opinion lo yuda e persona en kuestion?" "Realmente mi ta dirigiendo mi mes na e persona, kende mi ta kritikando?" Un artista a yega di bisa: "No bisa mi kiko nan a bisa di mi. Pero bisa mi dikon nan tabata asina kómodo pa papia ku abo tokante di mi." Kada bes ku un persona kore bin papia negativo ku abo tokante di un otro, puntra bo mes: "Dikon e persona ta sinti asina kómodo òf na kas, pa bin papia malu ku mi tokante di un otro?" Òf: "Ami ta e tipo di persona ku ta disfrutá den papia negativo di un otro?" Sea mi tin rason di hasi esaki òf yùist nò. Dios ta bisa den:

Efesionan 4:29-32
*"No laga ningun palabra dañino sali for di boso boka,
sino solamente palabra ku ta bon pa edifikashon,
konforme e nesesidat di e momento,
pa esaki por duna grasia na esnan ku ta tende.
I no hasi Spiritu Santu di Dios tristu,
pa medio di Kende boso a wòrdu seyá pa e dia di redenshon.
Laga tur amargura, furia, rabia, griteria i kalumnia wòrdu kitá for di boso,
huntu ku tur malisia.
I sea kariñoso ku otro, miserikòrdioso, pordonando otro,
meskos ku Dios den Cristo tambe a pordoná boso."*

Dios ta spera di bo pa bo papia bida ariba un otro. Ku otro palabra, papia palabranan di ánimo, sosten pa ku un otro. Manera un outor a yega di bisa: "Loke ta drenta bo boka mester ta bon pa bo, loke ta sali mester ta bon pa un otro."

Ademas, Romanonan 13:8 ta bisa pa no debe ningun hende nada, sino stimashon. Beibel ta sigui bisa den:

Romanonan 12:18
"Si ta posibel, asina leu ku ta dependé di boso, sea na pas ku tur hende."

Esaki bo por logra, solamente ora bo laga lòs na amargura, rabia, resentimentu i sintimentunan di desapunto di loke a bai robes. Dios ta bisa den:

Proverbionan 16:7
*"Ora ku un hende su kaminda ta agradá Señor,
E ta pone asta su enemigunan keda na pas kuné."*

Si sosodé mes ku un persona no ta gusta bo, e persona tin mag. Solamente, sòru si ku esaki ta simplemente e persona su eskoho òf gustu i no pa motibu di bo aktitut konsientemente robes pa ku e persona. Ta nesesario pa por tin hende den bo bida ku den amor i grasia, sa di bisa bo e bèrdat, asta ora esaki ta hasi doló. Importante pa pone kada hende den bo bida na e lugá korekto.

Pa logra esaki bo tin mester di Dios Su grasia i forsa. E mesun grasia ku a saka un hende for di por ehèmpel un adikshon na droga òf kuminda, e mesun grasia ei a mantené e otro pa e no kai aden. Pues, di tur manera kada hende sin eksepshon di ningun, tin mester di Dios pa biba su bida. Unabes Dios ta den bo bida i bo ta bibando manera E ke, lo bo tin bendishonnan den bo bida. I mas ku *tin* bendishonnan, bo bida mes lo *ta* un bendishon pa kada hende ku bin den kontakto ku bo.

Huntu ku bendishonnan den bo bida, bo bida mes mester ta un bendishon pa tur rondó di bo. Kiko ta bo sekreto? Bo sa di enfrentá bida ku e aktitut "Ku kiko ami por sirbi otro kuné?" Bo sa di duna e otro preferensia riba bo i no ta buska bo propio interes so. Ku mas konfiansa ainda, bo por habri un mensahe via èp ku e palabra "bendishon".

Pasobra bo bida mes ta reflehá e palabra "bendishon"!

Bo promesa, mi orashon

Dios, danki ku Bo ta skucha mi tur momento, na unda ku mi ta. Duna mi grasia pa por biba manera Abo ke. Bendishoná mi ku tur loke mi tin mester pa mi biba mi bida i mas. Siña mi tambe maneranan kreativo i práktiko kon ami por ta un bendishon pa otro, den loke mi ta hasi i papia. Kaminda mi faya, duna mi di Bo grasia pa drecha kos ku e otro hende. I ora otro faya ku mi, yuda mi pa no laga esaki krea amargura den mi kurason, pa asina ami mes stroba e plan ku Abo tin pa mi bida. Ku lo mi biba ku un aktitut di ke sirbi otro i spera tur kos bèk di Abo, Dios.

Riba tur kos i tur hende, danki ku mi tin Abo den mi bida, kual ta e bendishon di mas grandi pa mi.

Efesionan 4:29-32: Señor, yuda mi papia palabranan di ánimo i asina ta un enkurashamentu pa otronan dor di

....
....
....
....
....
....
....
....
....

Efesionan 4:30-31: Kita for di mi tur amargura, rabia, gritamentu, e deseo di ke daña un otro su reputashon, huntu ku tur hasimentu di mal ehèmpel. Bo ta luchando ku un di e mal hábitonan akí? Skirbi esaki, despues hasi orashon riba kada un, segun bo orashon modelo mas ariba.

....
....
....
....
....
....
....
....
....

Yama danki pa ...

kada bes ku bo pone un otro smail

Fecha	Mas orashon, mas smail, ménos strès

	Yena e hòkinan, segun mester! Si mester mas espasio, sigui riba e páginanan bashí di nota! Hasi ku otro, loke bo ke nan hasi ku bo, segun Mateo 7:12. Ora bo ta un bendishon pa otro, bo ta hasi loke Dios ke. I Dios lo hasi bo mas kontentu i duna bo mas amistatnan. I e chèri riba e bolo lo ta, mas bendishon di Dios pa bo bida!

Pens'é, Not'é!

Pens'é, Not'é!

Pens'é, Not'é!

Pens'é, Not'é!

Kapítulo 3.
Firmesa pa keda para stret

"No ta importá Diabel si bo ta bai misa òf lesa Beibel, kontal bo no apliká esaki na bo bida."

Si bo a yega di pidi Hesus bin biba den bo kurason, bo ta bira un yu di Dios. I asina bo bira un yu di Dios, mesora bo ta subi e lista di atake di Satanas òf Diabel. Ora bo ta biba manera un yu di Dios, bo ta bira Diabel su enemigu mayó. Pasobra bo bibá ta strob'é den su plannan. Pa e motibu ei, e ke kaba ku bo. Un manera ku e ta usa pa destruí bo, ta dor di pone yen di trampa den bo kaminda.

Siendo Dios Su yu, e Spiritu Santu di Dios ta biba den bo pa semper. Satanas no por pone bo pèrdè bo salbashon. Si e por trata na kita bo pas òf goso for di bo i trese yen di distraishon den bo kaminda. Pa logra esaki, e ta usa entre otro trampanan. Segun e dikshonario liber, trampa ta nifiká algu ku un persona ta hasi ku e meta pa konfundí òf hasi chèrchè di un otro. Algun manera ku bo por rekonosé ora Satanas ta butando trampa, ta ora tin:

- o Divishon, desakuerdo di kualke forma, odio;
- o Bida parotin, inmoralidat seksual;
- o Yalursheit, orguyo, desánimo pisá;
- o Un estado di sinti duele di bo mes. Pues, mira

bo mes konstantemente komo e víktima den un asuntu.

Imaginá bo, bo tin un bisiña ku kada bes e limpia su kurá di kas, ora e kaba, su shushinan ta bai para nèt dilanti di bo port'i kurá. Awor ku bo sa ken ta bo enemigu, bo a primintí bo mes ku e biaha akí bo no ta bai kue fadá kuné, apesar ku bo a tah'é yen biaha kaba. Enbes di bo rabia i buska por ehèmpel pa kima su outo, mihó hasi orashon p'e! Bo por asta ofres'é pa abo mes tira su shushinan afó, ya bo sa sigur unda e shushinan ta bai.

Efesionan 6:10-18
"Finalmente, sea fuerte den Señor, i den e forsa di Su poder.
Bisti e armadura kompleto di Dios,
pa boso por para firme kontra e trampanan di diabel.
Pasobra nos lucha no ta kontra karni i sanger,
sino kontra e gobernantenan, kontra e podernan,
kontra e forsanan mundial di e skuridat aki,
kontra e forsanan spiritual di maldat den e lugánan selestial.
Pesei, tuma e armadura kompleto di Dios,
pa boso por resistí den e dia malu,
i despues di a hasi tur kos, para firme.
Para firme anto, ku boso hep fahá ku bèrdat,
i ku e korasa di hustisia bistí,
i ku boso pianan bistí ku e preparashon di e evangelio di pas;
i riba tur kos, tumando e eskudo di fe,
ku kual boso lo por paga tur e flechanan sendí di e malbado.
I tuma e hèlm di salbashon, i e spada di e Spiritu, kual ta e Palabra di Dios.
Ku tur orashon i súplika pidi tur ora bai den Spiritu,
i ku esaki na bista, sea alerta ku tur pèrseveransia i súplika
pa tur e santunan."

Dios ta bisa den Galationan 5:22-23; "Ma fruta di e Spiritu ta amor, goso, pas, pasenshi, kariño, bondat, fieldat, mansedumbre, dominio propio; kontra kosnan asina no tin lei." Esaki ta nifiká ku ora Dios ta biba den bo kurason, bo ta siña stima, bo goso no ta bin di material òf logro, ma e ta mará na Dios. Bo pas ta ankrá na Dios apesar di olanan di bida ku por suta bo. Bo por bira un hende ku ta trankil i no ta pèrdè kabes ora kos no bai manera bo ke.

Un otro palabra pa kariño ta amabilidat; bo ta bira un hende kariñoso, ku ta kla pa hasi bon na otro. Fieldat ta un persona konstante, apesar di tur kos. Mansedumbre ta un persona suave ku sa di kontrolá su emoshonnan, tambe kualke resentimentu pa ku komportashon di un otro. Dominio propio ta disiplina propio òf e kontrol di un persona pa dominá su deseonan. Esakinan ta forma e base den e bida di un yu di Dios. Den versíkulo 23 Dios ta bai dje leu ei di splika ku no tin ningun lei aki na mundu ku ta bai kontra e frutanan akí. Pues, no tin niun lei ku ta pèrmití bo ta renkoroso, amargá, brutu, sin pasenshi, baldadi, infiel, orguyoso, hechadó di baina.

Dios ta bisa den:

1 Juan 2:15-16
*"No stima mundu, ni e kosnan ku tin den mundu.
Si un hende ta stima mundu, e amor di e Tata no ta den dje.
Pasobra tur loke ku tin den mundu,
e deseo di karni i e deseo di wowo i e orguyo di bida,
no ta bin di e Tata, sino di e mundu."*

Mundu den e kaso akí ta referí na e sistema korupto ku ta goberná nos sosiedat, influensiando nos mente kada dia. E sistema korupto akí mes ta trese vários trampa na bo porta. Ta na abo, si bo ta habri p'e i kai den nan. Karni ta e parti di bo ku outomátikamente ta bai kontra Dios, ku yen di mal deseo den bo kurason. Komo hende ta natural ku nos tin e deseo pa hasi malu manera venga, odia, keda kas drumi enbes di bai traha, hòrta ora sèn no ta yega, kore drenta den hanchi di kaya prohibí i asina ei hopi otro maldat mas. E deseo pa hasi algu robes ta natural den hende.

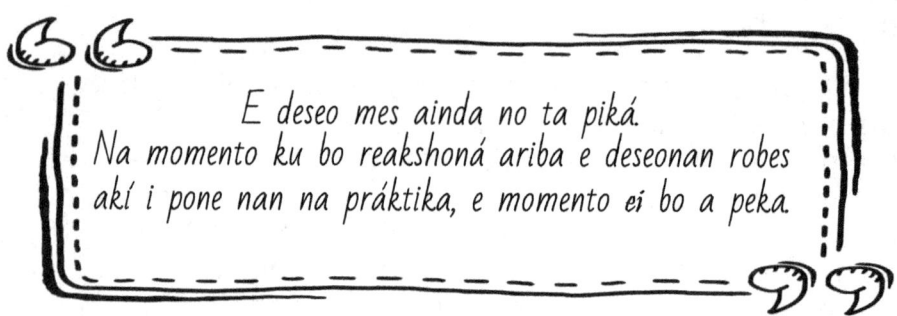

E deseo mes ainda no ta piká. Na momento ku bo reakshoná ariba e deseonan robes akí i pone nan na práktika, e momento ei bo a peka.

Manera Dios ta papia den Galationan 5:16; *"Ma mi ta bisa, kana segun e Spiritu, i boso lo no kumpli ku deseo di e karni."* Aki por komprondé ku tur loke ta robes ta bini sea di Satanas, mundu òf karni.

    Peka ta ora ku bo ta hasi algu ku ta kontrali na loke Dios ta bisa. Por ehèmpel, kibra un òf mas di e 10 mandamentunan. Awor ta opvio ku bo *no* por mira Satanas. Pues, fásilmente bo por kai den e trampa di pensa ku e no ta ni èksistí. Ta manera un presentashon di pòpenkast. E públiko ta mira únikamente e pòpchinan ta move bai bin i tende stèmnan. Miéntras ku e hendenan ku ta sinta mira, *sa* ku e pòpchinan no ta move di nan mes. Tin un òf mas hende nan tras. Si sosodé ku e pòpenkast mester kai, henter públiko ta mira ku wowo kla e hendenan ku tin tras di e pòpchinan. Meskos, Satanas ta move hopi kos rondó di nos. Sabiendo esaki, Dios ta siña Su yunan den Efesionan 6:10-18 algun manera básiko pa no kai den Satanas su trampanan. E maneranan akí ta konta solamente pa un yu di Dios. Kasi sigur bo ta hasi bo mes e pregunta: "Dikon solamente pa un yu di Dios? Ta un klup di miembronan eksklusivo esaki ta?"

Por ehèmpel, pa ku bo nashonalidat manera esun hulandes; bo tin e derecho òf privilegio pa biaha ròntmundu. Sin e pasport hulandes akí, bo entrada ta limitá, den sierto kaso, astá nengá. Di e mesun forma, ora bo ta un yu di Dios. Dios ta pone na bo disposishon henter un kolekshon di material, e armadura spiritual, pa bo usa pa bai e guera i sali ganá.

E guera akí ta unu partikular. Pasobra den un guera normal, te na final ta deklará e ganadó. Ma ora ta trata di e guera akí, ya Dios ta bisa den Su Palabra, ku bo ta ganá kaba, segun:

Kolosensenan 2:15
*"Ora ku El a desarmá e gobernantenan i outoridatnan,
El a eksponé nan públikamente,
dor di triunfá riba nan pa medio di djE."*

Alabes den Efesionan 6:11 Dios ta kòrda bo ku e viktoria ya ta di bo. Pasobra Hesus a bai na e krus i muri pa bo pikánan. Ma e kos no a kaba ei; riba e di tres dia El a lanta for di morto. E echo ku Hesus a lanta for di morto, i ta biba den bo, ta duna bo e viktoria. Pues, esaki ta hasi bo mas ku vensedor, segun:

Romanonan 8:37
*"Ma den tur e kosnan aki nos ta mas ku vensedor
dor di Esun ku a stima nos."*

Imaginá bo; bo ta kompetí den un bon wega di sòftbòl, sabiendo ku ya bo ta ganá. Esaki lo no kambia bo aktitut? Mi tin sigur ku lo bo bati e bala ku hopi mas stail, kisas asta ratu ratu bo ta stòp, kue bo "selfie stick" i saka poko sèlfi. Pasó, bo sa kaba kon esaki ta bai kaba. Meskos, ora ta trata di e guera spiritual entre un yu di Dios i Satanas.

Pa resumí; bo sa ku si di bèrdat Hesus ta biba den bo kurason, esei ta hasi bo yu di Dios. I siendo Dios Su yu, bo tin akseso dirèkt na tur e privilegionan ku ta pertenesé na un yu di Dios, manera viktora. Bo identidat den Kristo ta evidente, pero tambe e echo ku bo ta den un guera i no den un parke di rekreo. Sabiendo esakinan, bo forma di bringa e guera akí ta kambia drástikamente. Den Efesionan 6:12 Dios ta bisa ku bo lucha òf guera no ta kontra hende, sino kontra Satanas mes.

Kua ta e forma di bringa e guera akí ku firmesa? Den e mésun kapítulo di Efesionan 6 versíkulo 13 pa 18, Dios ta mustra e manera pa bo bringa e guera spiritual akí. Komo yu di Dios, Dios ta yama bo pa bai guera manera un sòldá. I promé ku e sòldá sali pa guera, e mester sa su plan di guera. Kada arma for di e armadura akí ta di Dios i ta bini solamente di djE. E armanan spiritual akí prinsipalmente ta sirbi komo bo defensa pa para firme. Te na ora bo kai mes, no ta na nodi keda biba derotá.

Ademas, kada un di e armanan akí ta representá e forsa di Dios, ku bo tin na bo disposishon komo Su yu. I komo un yu di Dios, bo plan di guera ta:

    o Hep fahá ku bèrdat; versíkulo 14 i Juan 14:6; *"Hesus a bis'é: "Ami ta e kaminda, i e bèrdat, i e bida; ni un hende no ta bin serka e Tata, sino pa medio di Mi."* Hesus mes ta E bèrdat i bo ta haña e bèrdat den Su Palabra ku ta e Beibel. Ora bo sa e bèrdat, mesora bo ta rekonosé ora tin engaño. Ta importante pa bo studia e bèrdat asina bon, ku kada bes mentira kai aden, inmediatamente bo ta kore bai kue bo arma spiritual pa defendé bo. Na promé lugá bo mester ta konsiente di e bèrdat, sino tur sobrá arma no tin sentido pa bo. Si bo ta un yu di Dios, e promé bèrdat krusial ta kiko Dios ta bisa di bo komo Su yu. Ku bo ta salbá, pues Dios ta biba den bo i bo ta stimá. Tambe bo ta pordoná pa kada fayo ku bo a kometé i di e mes manera bo tin Dios pa yuda bo pordoná otronan pa nan fayonan ku nan a kometé, konsiente òf inkonsiente, kontra bo. Adishonalmente bo por papia tur ora ku Hesus i aserk'É ku konfiansa. Bo ta amigu di Hesus, bo ta liber di piká i di akusashonnan di kondena kontra bo. Bo tin tur e privilegionan di un yu di Dios, bo tin un mente kambiá, bo tin Dios Su pas. Bo tin den Dios tur loke bo tin mester i na mes momento bo ta kompleto.

Tur palabra òf sintimentu kontrali na esaki, no ta bini di Dios. Efesionan 6:14 ta usa e palabra "faha", pasobra un faha den e tempu ku Pablo a skirbi e buki di Efesionan, i awendia, ta sirbi pa wanta e paña na bo kurpa. Meskos ora bo sa kiko ta e bèrdat, e bèrdat akí ta wanta bo i pone bo para stret. Sin e bèrdat, bo ta bira un proi fásil pa sigui tras di engaño.

> ○ Korasa di hustisia bistí; versíkulo 14. Figurá bo un sòldá kla pa bai guera. Algu ku e no por keda sin bisti, ta su chaleko anti - bala di metal. E chaleko òf korasa akí ta kubri su órganonan prinsipal i vital, manera kurason. Asina bo aseptá Kristu i bo bira un yu di Dios, Dios ta pone manera un chaleko anti – bala na bo disposishon. Meta prinsipal di e vèst akí ta pa protehá bo kurason i alma for di tur loke ta malu, inkluso kontra bo propio hasimentu di bon.

Dios ta bisa den:

Efesionan 2:8-9
"Pasobra pa medio di grasia boso a wòrdu salbá dor di fe, i esei no di boso mes; e ta e don di Dios; no komo resultado di obranan, pa ni un hende no gaba."

Pues, bo ta haña salbashon solamente ora bo aseptá Hesus den bo kurason. I no pa medio di bon obra, ya ningun hende por gaba, pensando ku ta pa su echonan, el a logra drenta shelu. Tampoko e hende ei por kai den legalismo, ke men opseshon pa kumpli ku regla, segun Romanonan 8:1; *"Pesei awor no tin kondenashon pa esnan ku ta den Cristo Jesus."* Ni keda biba ku sintimentu di kulpabilidat. E úniko ku por salba i kuida bo, ta Dios. I esaki pa motibu di loke El a hasi pa bo na e krus. Pa bisti e armadura di Dios, esaki ta nifiká ku bo tin ku tuma un desishon konsiente pa bisti esaki. Bo no ta hasi esaki outomátikamente. E ta trese firmesa den Dios; un siguransa ku bo por dependé kontinuamente riba Dios na momento ku bo tin Dios Su armadura bistí.

I kada bes bo bisti e korasa di hustisia akí, bo ta bisando Dios: "Ami ta nada; mi no por riba mi mes!" I mesora bo lo haña e forsa ku bo tin mester. Un forsa ku na promé instante bo no sa di unda e ta bin. Miéntras bo ta bibando pa Dios, konstantemente E lo mustra bo kosnan, aktitutnan den bo bida ku bo mester kambia. Abo tin ku atmití esaki, pidi Dios yuda bo i laga E kambia bo. Solamente di e forma akí bo por paga e flechanan sendí ku ta bini den bo direkshon, segun Efesionan 6:16.

Bo obedensia ta pèrmití bo eksperensiá Dios Su bendishonnan kompletamente den bo bida i basa bo bida únikamente ariba Dios Su bèrdat. Dios ta bisa den 2 Korintionan 10:5; *"i pa destruí spekulashonnan i tur arogansia ku ta wòrdu lantá kontra e konosementu di Dios, hibando den koutiverio tur pensamentu, pa hasi nan obedesido na Cristo"*. Pues, dal bo vèst anti – bala, pa asina bo tin e forsa di Dios pa para firme. Por ehèmpel, un bishita ta bati na porta di kas di un famia. Yu chikitu di e pareha ta kore yen di entusiasmo bai wak ta ken ta pará na porta ta bati. Si ta stèm di un hende ku e ta rekonosé i tin konfiansa kuné, mesora e yu akí ta bisa su tata ku tal persona ta na porta. Miéntras si ta un stèm deskonosí pa e yu, su promé reakshon ta pa kore bai serka su tata i bis'é ku tin un hende ta bati pa drenta, pero e no konosé. I e tata ta kana bai porta bèk ku e yu, pa wak ta ken.

Tantu ora ta un hende konosí pa e yu akí, pero tambe deskonosí, den ambos kaso e yu ta konsultá ku su tata promé. Kuantu mas, abo i ami ku ta bibando den un mundu ku tin tantu maldat i tambe kosnan ku ta bon! Loke hopi bia ta hasi'é difísil, ta ora bo ta haña bo mes konfrontá ku loke ta bon i loke ta parse bon. Na e momento ei mas ku nunka, bo tin ku kore bai serka bo Tata ku ta den shelu i konsultá kunÉ promé bo habri porta. I bo Tata ta mas ku dispuesto pa yuda bo skohe esun ku ta bon, i no esun ku ta parse bon. Mas bo konfiansa den bo Tata krese, mas sigur lo bo yama riba djE i involukr'É den kada parti òf detaye di bo bida. Solamente di e forma akí, bo ta tene bo vèst bon sigurá i para firme.

- o Pianan bistí ku e preparashon di e evangelio di pas, versíkulo 15. Beibel ta bisa den:

Romanonan 10:9-10
*"ku si bo konfesá ku bo boka Jesus komo Señor,
i kere den bo kurason ku Dios a lant'E for di e mortonan,
lo bo ta salbá;
pasobra ku kurason hende ta kere pa haña hustisia,
i ku boka e ta konfesá pa haña salbashon."*

Evangelio di pas ta Dios Su plan di salbashon pa kada hende ku aseptá Hesus den su kurason, segun Romanonan 10:9-10. I unabes Hesus ta biba den bo kurason, esaki ta duna bo pas berdadero. Pasobra bo sa sigur, ku e pas akí ta bin di Dios i no ta dependé di bo mes beis, akshonnan di otro òf sirkunstansia di bida. Ademas, bo ta salbá un bia i pa semper. Dios ta bisa den:

> **Juan 10:28**
> *"i Mi ta duna nan bida etèrno,*
> *i nan lo no peresé nunka;*
> *i ni un hende lo no ranka nan for di Mi man."*

Aki Dios ta splika ku bo no por pèrdè bo salbashon. Bo ta Su yu i ningun hende ni bo mes fayonan por ranka bo i saka bo for di man di Dios.

E palabra *preparashon* ke men pa ta alerta. Un sòldá mester ta prepará pa bai guera. E no por drenta kurpa habrí i aserka spera di sali ganá tambe. E mester tuma tempu sa su posishon, kiko ta e plan di guera, konosé e forma di traha di su enemigu, e strategía, i kua ta su armanan ku e tin na su disposishon pa keda ganá. Dios ta splika den 2 Timoteo 4:2: *"prediká e palabra; sea prepará na tempu i for di tempu; spièrta, reprendé, eksortá, ku hopi pasenshi i instrukshon."* Preparashon ta bai asina leu ku no solamente bo mester ta prepará *na* tempu, pero tambe *for di* tempu. Kòrda ku bo posishon den Kristu, ke men tur loke E ta bisa di bo, no ta mará na bo bunita smail, bo abilidat ni bo bon kurason. Esaki ta mará únikamente na Dios Su amor pa bo.

Beibel ta bisa den:

> **Romanonan 5:8**
> *"Ma Dios ta demostrá Su mes amor pa ku nos den esaki,*
> *ku tempu nos tabata pekadó ainda,*
> *Cristo a muri pa nos."*

Kada bes bini den bo mente pensamentunan manera: "Bo a bolbe kome dos tayó di kuminda, un bleki coca - cola, aserka un pida kesio i bon grandi kòrtá tambe. Nunka bo ta siña kome normal!" Kue bo sapatu di evangelio di pas, bistié i bisa loke Beibel ta bisa den Romanonan 8:37; *"Ma den tur e kosnan aki nos ta mas ku vensedor dor di Esun ku a stima nos."* Banda di komementu, tur otro adikshon i debilidatnan den mi bida, mi ta mas ku vensedor pa medio di Dios ku a stima mi!" Òf kada bia ku akusashonnan di bo pasado bin den bo kontra, bisando bo: "Abo ta bai para kanta dilanti den misa, miéntras ku 12 aña pasá bo tabata na kareda ta skonde pa sali di porta patras di kas di bo èks."

Respondé bisando bo mes manera Dios ta bisa den:

1 Juan 1:9
"Si nos konfesá nos pikánan,
E ta fiel i hustu pa pordoná nos nos pikánan
i pa limpia nos di tur inhustisia."

E palabra klave den e versíkulo akí ta "konfesá", ke men rekonosé i bisa Dios ku di bèrdat mi a hasi malu. Unabes bo saka na lus e loke bo a hasi robes, Satanas, ni bo mes òf otro hende no ta sobra nada mas pa keda tene kontra bo. Pasobra abo mes a eksponé bo mes dilanti di Dios.

E parti ku ta bisa *pianan bistí* òf *sapatu* ku e preparashon di *e evangelio di pas* kual Dios ta duna na Su sòldánan, tin dos meta: pa bringa e guera di un forma defensivo, tambe ofensivo. Por ehèmpel; futbòl. Posishon defensivo ta na momento ku e hungadó ta para serka di e gol i asina defendé su mes i su ekipo ora e hungadó di e otro ekipo ataká, pues trata na skor. E ta un reakshon ariba atake den su kontra. Posishon ofensivo, ta ora abo tin e bala i ta ataká; abo ta esun ku tin di pasa e bala i move. Outomátikamente e hungadó ku ta hungando ofensivo no tin e opshon pa para ketu.

Meta defensivo

Ta na momento ku bo sa kua ta bo posishon den Dios, bo por aktua konforme esaki. Solamente di e forma ei nos por para firme i asina no kai pa motibu di e flechanan sendí, segun Efesionan 6:16. Pa por logra sa bo posishon den Dios, bo mester ta konsiente kiko Dios ta bisa den Su Palabra. I no djis ta konsiente, pero kere esaki tambe di kurason komo e úniko bèrdat. Bo fe den loke Dios ta bisa, ta lòs for di bo propio sintimentunan i momentonan difísil ku bida ta trese kuné.

Meta ofensivo

Ademas, bo ta usa sapatu ku e intenshon di bai move. Den 1 Pedro 3:15 Dios ta bisa; "ma santifiká Cristo komo Señor den boso kurason, i sea semper dispuesto pa duna kontesta na kada un ku pidi boso pa duna kuenta di e speransa ku tin den boso, sinembargo ku suavidat i reverensia". Pues, bo mester ta semper kla pará pa kontestá kada un ku puntra tokante e speransa ku bo tin. Sin embargo, semper di un forma amabel i ku rèspèt. Lo bo bira mas sigur, kada bia ku bo konta un otro di bo fe.

Ademas, mas konfiansa lo bo tin pa lesa, papia i biba e bèrdat di Dios. Bo bida lo ta e mihó buki habrí ku hende lo lesa. Kisas e mesun hende no ta interesá den buska un Beibel, te pa e les'é, pero bo bida sí, pa medio di bo forma di papia i hasi, ta lanta interes fuerte den dje pa e sa mas di bo fe. Hopi hende no tin interes pa bai misa, pero ora abo ta biba manera Dios ta spera di bo, ta manera ta misa a yega serka nan. Esaki lo tin muchu mas impakto, ku ora bo ta djis trata na konvensé hende pa buska Dios, miéntras ku bo bida ta total otro for di loke bo ta papia. Promé ku un hende haña interes den bo Dios, nan lo opservá bo bida i mira si di bèrdat ta bale la pena buska Dios.

Ora e dosnan akí ta kana pareu, pues bo papiá i bo bibá, esei lo lanta e deseo den otronan rondó di bo pa buska Dios. Dios ta bisa den 2 Timoteo 2:15; *"Hasi tur bo esfuerso pa presentá bo mes aprobá dilanti di Dios manera un trahadó ku no tin motibu pa tin bèrguensa, ku ta parti e palabra di bèrdat na un manera korekto."* Ku lo bo biba manera Su trahadó, ku no tin motibu di tin bèrgwensa, ku ta papia e palabra di bèrdat manera Dios ta spera di bo.

- o Eskudo di fe; versíkulo 16. Eskudo ta un material largu sufisiente pa protehá un persona di pia te kabes, kontra di atake ku ta bini den su direkshon. Pa un sòldá, esaki ta algu súmamente nesesario pa e usa i na tur momento durante bataya. E eskudo akí ta stroba e enemigu di yega serka i ataká. Kisas bo ta hasi bo mes e pregunta: "Kiko realmente ta fe?" Hebreonan 11:1 ta bisa; *"Awor fe ta e siguransa di kosnan ku hende ta spera, e konvikshon di kosnan ku hende no ta mira."* Den e mesun kapítulo, versíkulo 6 Dios ta sigui bisa ku solamente ora bo tin fe, bo por yega serka Dios. Sin embargo, esaki no ta nifiká ku bo no por duda. Ta algu normal ora bo ta duda den Dios, spesialmente ora bo ta pasando den kualke prueba. Solamente bo no ta laga bo emoshonnan ni bo bida kompleto ser kontrolá pa duda òf falta di fe. Pasobra fe ta hasi bo kòrda ku, apesar ku te ku awor bo no ta mira ku bo wowo e kontesta di loke bo a pidi, Dios ta real i E *por* kumpli ku e loke bo ta pidi. Dios *por* tur kos; nada ta imposibel p'E. E tin poder pa hasi tur kos. Esaki nos ta yama "omnipotensia", ke men Dios ta "Todopoderoso".

Dios no ta limitá, manera nos komo hende ta; meskos ku Dios ta ómnipotente, E ta soberano tambe. Ban wak e diferensia:

Soberano ta nifiká ku miéntras Dios tin tur poder pa hasi tur kos, pues E ta Todopoderoso, ta na Dios mes pa disidí si E ke hasi tal kos òf si tal kos ta kumbiní pa E hasi. E dos kualidatnan akí di Dios, ta kana huntu.

Kada bes ku bo sinti duda, mesora fe ta rekonosé e duda i ta paga e flechanan sendí dirèkt. Meskos ora bo sinti akusashonnan shushi drenta bo mente, kòrda bo mes ku si Dios ta na bo banda, pues Dios ta kontentu ku bo bida, ningun hende ku bai kontra bo, lo sali ganá, segun Romanonan 8:31.

- E hèlm di salbashon i e spada di e Spiritu; versíkulo 17. Ora di bai guera, e hèlm di salbashon ta e último hèrmènt di guera ku e sòldá ta pone. Ta opvio ku un sòldá mester di su hèlm pa e protehá su kabes i asina sobrebibí e bataya. Si e kabes sufri daño, sobrá parti di kurpa outomátikamente tambe ta sufri. E hèlm ta pará pa bo salbashon. Salbashon ta e base; solamente ora bo ta salbá, pues komo un yu di Dios, bo por papia ku Dios trankil, esta hasi orashon, sabiendo ku E ta skucha bo. Pasobra bo sa ku bo ta Su yu, i E bo Tata.

Bo por usa bo privilegio di un yu tambe. I un di e privilegionan akí ta, ku komo yu bo ta basa bo orashonnan riba tur lokual Dios ya a pone òf primintí den Su Palabra; Su promesanan. Manera den e mundu di lei, si un hende ta insistí ku e tin tal derecho, e mester por basa esaki ku artíkulo di lei, tambe ku prueba. Sin lei komo su base i prueba, su kaso ta ser konsiderá pèrdí for di promé mes ku el a haña chèns di yega serka hues.

Di e mes manera ora abo ta papia ku Dios i ta pidiÉ por ehèmpel pa e kuida bo, miéntras bo ta sali trabou di warda anochi. Bo por usa diferente versíkulonan, manera Salmo 91. Esaki no ta nifiká ku nunka nada lo pasa ku bo. Simplemente, bo sa ku si miéntras abo ta sòru di hasi bo parti dor di kuida i algu a pasa mes, ta Dios a pèrmití. Keda ku e konfiansa ku Dios ta usa esaki tambe pa bo bon, segun Romanonan 8:28. Ademas, salbashon ta un desishon pa aseptá Hesus; un desishon ku bo ta tuma, un bia i pa semper.

Flecha lo keda bin, prinsipalmente na bo mente, pues parti di e kabes. Un di e maneranan ku Satanas ta ataká na bo mente, ta dor di trese pensamentu di desánimo, inseguridat, kondenashon, bèrgwensa, orguyo i hopi mas. Básikamente, Satanas ke yena bo mente ku tur sorto di mentira. I e úniko manera pa bo bai kontra e mentiranan akí, ta dor di yena bo mente ku tur loke Dios ta bisa den Su Palabra, esta e bèrdat. Un mente ku ta drai konstantemente riba mentira, ta asina poderoso ku e por afektá bo kurpa, pues bo salú. Preokupashon por pone bo haña úlsera: un buraku den bo stoma. Esaki por afektá bo pa bida largu. Manera vários siñadó sa bisa: "Un mente bashí, ta bira un tayér pa Satanas."

- E spada di e Spiritu ta e Beibel, Dios Su Palabra. Manera menshoná bou di e arma spiritual *e bèrdat*, e bèrdat bo ta haña únikamente den Dios Su Palabra. Por èhempel, un persona a hasi chèrchè di bo forma di kurpa. Bo por skohe pa hasi dos kos; keda kere esaki òf bo ta yama ariba entre otro:

Salmo 139:14
"Mi ta alabáBo,
pasobra mi ta trahá na un manera temerosamente maraviyoso;
maraviyoso ta Bo obranan,
i mi alma sa esei masha bon."

Aki klaramente Dios ta bisa ku El a traha bo bunita manera bo ta. Sea bo ta kòrtiku, delegá, yen, koló habrí òf yùist será, kabei fini òf tambe kabei ménos fini lokual nos konosé komo kabei peper, ta Dios a traha bo. I Dios no ta hasi fòut. Mas bo keda pensa riba loke Dios ta bisa di bo, e mentira òf akusashon falsu akí, lo no tin dominio mas riba bo bida. Ku otro palabra, bo ta keda basa bo beis, emoshonnan i desishonnan konstantemente ariba Dios i Su bèrdatnan. Nada otro!

Sin embargo, den Beibel bo ta haña sa tambe kiko Dios ta bisa tokante por ehèmpel kon pa usa mi sènnan segun Malakias 3:10-12, ku ken mi mester kasa segun 2 Korintionan 6:14, kon mi matrimonio mester ta segun 1 Korintionan 13:4-8a i Efesionan 5:22-33, kon pa lanta mi yunan segun Salmo 127:3-5, kon haña viktoria ariba mal kustumber òf adikshonnan segun Filipensenan 4:8 i Romanonan 6, tambe kon pasa den tempu di prueba, sin pèrdè enfoke segun Hebreonan 12:1-2. I muchu mas.

- o Orashon; versíkulo 18. Orashon pa abo mes i pa otronan rondó di bo. Tantu pa esnan ku bo ta bon kuné, komo esnan ku bo ta ménos bon kuné. Kisas esun persona, ku kada bes djaleu bo mira e ta bin, bo ta haña gana di dobla bògt kita bai. Si, asta pa e persona ei. Miéntras mas orashon bo hasi pa e persona ei, mas Dios lo kambia bo kurason pa kuné.

Sin embargo, nos ta keda hende ku yen di defekto. I den e mundu kargá pa piká ku nos ta bibando aden, konflikto lo ta inevitabel. Konflikto no ta den bo man, ma loke si ta den bo man, ta kon bo ta trata ku e konflikto ora e presentá. Ta abo ta esun ku ta kuminsá ku e problema, òf unabes e problema t'ei, bo ta pusha poko palu bou di kandela? Ora tin tenshon i e kalor di e temperatura ta subi, bo ta bai sali buska kerozin pa drecha e kandela òf nèt kontrali, bo ta sòru pa paga e kandela?

Bo ta un persona ku ta buska pa ta parti di e solushon? Den un grupo na trabou, den famia òf kualke aktividat sosial, hende ke ta den bo besindario?

Biba un bida di tal sistema, ku Satanas no por soportá bo. No pasó bo ta pretendé di ta perfekto, ma pasobra bo sa tur loke Dios ta bisa di bo, pues bo posishon i ku bo ta di Dios, si di bèrdat bo a yega di aseptÉ den bo kurason. Bo sa di laga Dios bai bo dilanti den tur kos, tantu den e momentonan dushi, pero tambe esnan ku bo no sa bon bon kiko pa hasi. Hasi Dios bo Tata, tene Su man tur dia i avansá huntu kunÉ. Para firme! Dios ke pa Su yunan mir'É manera un tata òf un mama ku semper ta sòru pa Su yunan den tur loke nan mester.

Kòrda esaki, ku bo mayornan ta keda hende ku bòshi defekto, meskos ku abo. Tur loke abo tin mester for di un mayor, pidi esaki na Dios. Bisti Dios Su armadura, para firme i mira kiko Dios tin warda pa abo ku ta Su yu.

Manera Dios ta bisa den:

Efesionan 6:10
"Bisti e armadura kompleto di Dios,
pa boso por para firme
kontra e trampanan di diabel."

Bo promesa, mi orashon

Señor, mi ta masha kontentu ku Bo ta stima mi asina tantu i ku Bo a laga e armadura spiritual pa mi por bringa e bataya spiritual bon prepará huntu ku Bo. Mi ke usa kada parti di e armadura den e guera spiritual akí. Yuda mi i siña mi kon pa hasié tur dia. Mi ta kuminsá na bisti e armadura akí tur dia den orashon. Señor, na e momento akí mi ta bisti:

- E faha di bèrdat;
- E korasa di hustisia;
- E sapatu di preparashon di e evangelio di pas;
- E hèlm di salbashon;
- E eskudo di fe ;
- E spada di Spiritu ku ta e Palabra di Dios i.
- Orashon.

Huntu ku Bo mi ke enfrentá tur bataya ku presentá den mi kaminda. Den e nòmber di Señor Hesus, amèn.

Efesionan 6:10-18: Señor, siña mi bisti Bo armadura promé ku mi bai guera; promé ku mi dia kuminsá. Na unda Dios a mustra mi ku mi ta fayando den usa un òf mas di e armanan spiritual? Menshoná pa kada arma spiritual na unda mi ta fayando i di ki manera:

....

Yama danki pa ...

kada posishon fuerte ku bo tuma

Fecha	Mihó prepará, mas kla pa batayá, ménos chèns pa kai den trampa

	Yena e hòkinan, segun mester! Si mester mas espasio, sigui riba e páginanan bashí di nota! Kon abo ta usa bo armanan spiritual pa bai e guera spiritual? Kon esaki a pone bo krese den bo relashon ku Dios?

Pens'é, Not'é!

Pens'é, Not'é!

Pens'é, Not'é!

Pens'é, Not'é!

Kapítulo 4.
Sigur, aseptá i balorá den Kristu

"Ser bo mes, tur otro puesto ya ta okupá."
Zjumira Wout

Bo a yega di wak bo mes den spil i no ta gusta loke bo ta mira? Kisas bo no ta gusta bo kabei, nanishi, kútis òf e manera ku bo pañanan ta keda bo. Ta eksperensianan ku nos tur tin, un mas ku otro. Ta importante pa bo keda kòrda ku ta Dios a traha bo i lo usa bo, apesar di loke bo no ta gusta di bo mes.

Tabatin un señora Amy Carmichael (1867 - 1951) di Irlanda ku koló di wowo maron. Miéntras ku vários di Amy su famianan tabatin koló di wowo blou. Na mucha el a siña ku bo por papia ku Dios i pidiÉ loke bo ke. Pues, tur anochi Amy tabata hasi orashon i pidi Dios pa duna e tambe koló di wowo blou, presis manera su mama i sobrá famia. Asina e lanta mainta, e ta bula subi riba un stul, pa e logra wak den e spil. I pa su di malu, su koló di wowo a keda mesun maron. Asina ei despues di diferente aña, Amy a bai India.

Aya el a lanta un orfanatorio pa skonde i yuda e muchanan hindú ku e lidernan di tèmpel tabata usa pa prostituí. Amy tabata bisti e paña típiko di e muhénan hindú akí, ku su kara tapá ku e mantel, i solamente su wowonan tabata sali. Su kara, i kada parti di kurpa ku tabata sali, Amy tabata smer ku kòfi i asina su koló di kueru a keda manera di un hende brùin. Ku koló di kueru brùin i su wowonan maron, Amy tabata keda idéntiko na un hende muhé hindú. Pues, di e forma ei Amy por a pasa trankil i drenta e tèmpel sin ningun problema pa reskatá e muchanan for di prostitushon. Pasobra e lidernan tabata mira Amy manera un hende muhé hindú mas ku ta drenta tèmpel pa adorá.

Tambe, tabatin un mucha hòmber di estatura kòrtiku. E tabata e úniko den su famia di estatura kòrtiku i e kos tabata molestiá e mucha hòmber akí pisá. Pa kolmo konstantemente nan tabata hasi chèrchè di su estatura. Despues di tempu, el a haña un bon chèns pa bai traha ku un tribu. Tur hende den e tribu ei tabata kòrtiku, i e kasnan ku e hendenan di e tribu a traha pa biba aden, tabata pas presisamente ku nan estatura. Ora e mucha hòmber a yega, el a nota ku e tabata mes haltu ku e sobrá hendenan, i e kasnan tabata ideal pa e tambe, pasobra e por a pas den nan.

Salmo 139:13-18

"Pasobra Bo a forma mi riñonnan; Bo a wef mi,
formami den barika di mi mama.
Mi ta alabáBo, pasobra mi ta trahá na un manera temerosamente
maraviyoso; maraviyoso ta Bo obranan, i mi alma sa esei masha bon.
Mi wesunan no tabata skondí pa Bo, tempu ku mi a wòrdu
trahá na sekreto,
bon formá den e profundidatnan di tera.
Bo wowonan a mira mi supstansia sin forma;
i e dianan ku tabata stipulá pa mi, tur tabata skirbí den Bo buki,
tempu ku no tabatin ningun di nan ainda.
Ki presioso Bo pensamentunan ta pa mi,
O Dios! Ki grandi nan kantidat ta!
Si mi lo a konta nan, nan lo a surpasá e pipitanan di santu.
Ora mi spièrta, ainda mi ta serka Bo."

Esakinan tabata djis algun ilustrashon, ku ta mustra ku Dios a traha bo ku e aparensia ku bo tin, pa un motibu. Dios ta bisa den Salmo 139:14 ku El a traha bo bunita manera bo ta. Ke men Dios a tuma Su tempu traha bo. Bo no ta un aksidente; Dios a traha bo presis pa un tempu manera esaki. Bo ta úniko; no kompará bo mes ku niun otro. Ora bo siña aseptá bo mes, pues bo kurason ta na pas ku e aparensia ku bo tin, esaki ta reflehá tambe den bo aparensia. E kurason kontentu akí ta resaltá bo aparensia. Komo hende muhé, ta fásil pa keda kompará bo mes ku otro, manera den peso, tipo di kabei, estatura, figura, i koló di kueru. Realisá ku Dios Su plan pa nos kada un ta diferente.

Abo i ami tin un kareda diferente pa kore. Manera ora tin kareda di kabai, e treiner ta pone "blinkers" na e kabai su kara. Pa asina yuda e kabai konsentrá riba e kareda poní su dilanti, enbes di paga atenshon na diferente distraishon, manera na un otro kabai den su banda òf e públiko. Di mesun manera, bo mester keda kòrda tur e promesanan ku Dios a mustra bo ku E tin pa bo. Asin'ei ora ta bai bon pa bo bisiña òf kualke otro persona, envidia lo no tin lugá den bo kurason. Te na ora envidia lanta kabes, bo no ta laga esaki krea rais den bo, dor ku bo sa presis ken bo ta den Kristu.

Al kontrario, lo bo konbibí ku nan i konsiderá nan bendishon, komo un inspirashon di loke Dios por hasi pa bo tambe. Esaki no ta fásil, spesialmente ora bo tin un nesesidat manera un kas propio. I portanan ta habri lenks i règts pa otronan rondó di bo. Sin embargo, asina bo realisá ku Dios Su plan pa abo ta diferente for di esun pa bo amiga òf bo kolega, i ku El a krea kada persona na un manera spesial pa kumpli ku e plan akí, bo manera di mira bida i mira otro hende ta kambia. Un kambio di perspektiva lo kita for di bo e peso, e strès i e deseo di ke kompetí ku otro pa asin'ei proba bo mes ku abo ta mihó ku tur.

Kisas parti di e propósito pa kua Dios a krea bo, ta pa bo ta un tremendo ama di kas, un mama kreativo, un dosente dediká na eduká i stima su studiantenan, un negoshante èksitoso, un esposa ku sa kon stima i respetá su esposo, un hende muhé eksperto den kushiná i traha kosnan di boka dushi, un gobernante ehemplar, un penshonado ku kurason pa yuda den trabounan karitativo, un eskritora pashoná ku ta stimulá otro ku su talento di skirbi, un dushi wela pa tur ku ke ta manera un ñetu p'e, un soltera ku su bida ta un inspirashon pa tur rondó di dje, un biuda ku ta prueba ku Dios no ta laga ningun biuda na kaya, un hende muhé diborsiá ku ta habri su kas manera un haf sigur, na unda otro mosa soltera i kasá por yega habri nan kurason i yora serka dje. Di e forma ei tin diferente otro propósitonan mas, pa kua Dios a krea hende en partikular.

Tambe, Dios Su propósito por varia segun e etapa di bida ku E ta pèrmití bo pasa aden. Por ehèmpel, e mama dediká na su yunan, segun ku e yunan krese i forma nan mes bida i famia, awor ta pasa ofer pa ta un wela dediká. I kisas dediká no solamente na su propio ñetunan, pero tambe na kada otro ku tin e nesesidat di e amor di un wela. Òf tambe e hende muhé gobernante ku a bira awor un penshonado, ku ta usa gran parti di su tempu liber pa yuda ku trabou sosial.

Dios den Su plan a duna bo e aparensia, forma di kurpa perfekto ku E ke pa bo tin, pa asina bo kumpli ku e propósito úniko pa kual El a traha bo. Loke tambe Dios ta hasi, ta duna direkshon den loke E ta spera di kada hende pa ku su aparensia, esta e parti eksterior i su parti interior. Pues, ken un persona ta realmente. Den otro palabra, bo identidat, ku ta bo karakter, temperamento i personalidat, loke ta distinguí bo for di tur otro persona. Ken bo ta? Kiko bo ta gusta i kiko nò? Bo puntonan fuerte i esnan débil, ku espasio semper pa bo desaroyá i krese.

Beibel ta bisa den:

> **1 Pedro 3:3-4**
> *"I no laga boso dòrnamentu ta di pafó so--*
> *flègtmentu di kabei, bistimentu di hoya di oro,*
> *òf bistimentu di paña luhoso;*
> *ma laguë ta e persona skondí di e kurason,*
> *ku e kalidat inkoruptibel di un spiritu suave i ketu,*
> *lokual ta presioso den bista di Dios."*

Pa Dios e karakter di paden ta muchu mas importante ku e loke bo ta bisti, peña i dòrna bo mes kuné. Pues e esensia ta bo karakter i un karakter di un persona humilde i modesto òf simpel. E idea di e versíkulo akí ta pa bo no hala atenshon robes ariba bo aparensia i asina neglishá e parti interior di bo persona. E klave di e prinsipio akí ta e palabra "so"; pues:

- o Bisti apropiá, bunita, desente i na moda;

- o Peña moderá;

- o Dòrna na midí.

Ta un realidat ku kada hende tin su propio smak. Manera e dicho na Hulandes ta bisa: "Over smaak valt niet te twisten", pues ora ta trata di smak òf bo preferensia, no tin kuestion di ken tin rason. Pero sí ta un echo ku di mas ta di mas. Promé ku bo sali kas, hasi bo mes e pregunta: "Ku mi bistí, peñá i dòrnamentu, mi ta hala e atenshon robes na mi persona?" Si e kontesta ta nò, sali bo kas ku un aktitut sigur, yen di konfiansa.

Sa ken bo ta, di ken bo ta, tur loke bo ta bon den dje i tambe esnan ku bo no ta bon den nan. Gosa den tur loke bo ta bon den dje, pero tambe esnan ku bo no ta bon aden. No sinti bo ménos, haña envidia òf rabia riba un otro ku opviamente ta mas fuerte ku bo den nèt e área ku abo ta débil. Al kontrario, purba te kon leu ta posibel pa kombersá kuné i pa siña for di dje. Sa su sekreto i haña ideanan nobo, ku por ta di yudansa pa bo. Kisas basta tempu bo tin e deseo pa kumpra algun adorno pa bo kas, pero kada bia ku bo logra apartá sèn pa hasi esaki, ta sali un otro emergensia pa kual bo mester usa e sèn ei. Nèt bo a bai bishitá un amiga i su kas ta totalmente remodelá, ku vários kuadro i obranan di man úniko. I promé ku bo a haña e chèns pa puntra na unda i pa kuantu el a kumpra nan, e ta konta bo ku entusiasmo ku ta e mes a pinta i traha nan.

Esaki ta un bon oportunidat pa bo purba siña di dje. I ken sa ku esaki por bira un hòbi nobo pa bo. I e siguiente bia bo logra apartá un kantidat di sèn, ta únikamente pa bo kumpra e materialnan ku bo tin mester, pa bo kaba di pinta, kose i fèrf e diferente artefaktonan den bo kas. Pues, básikamente: elogiá e otro i kaminda por, siña di dje sin pèrdè for di bista tur loke Dios ta hasiendo den bo i pa medio di bo.

Dios ta bisa den:

Filipensenan 4:13
"Tur kos mi por den Cristo, Kende ta dunami fortalesa."

Ke men ku Su yudansa bo por logra tur kos, pasobra E ta duna bo e forsa. Esaki ta konta pa tur loke Dios a mustrá bo ku bo tin di hasi. I no e kosnan ku bo ta skohe pa yena e tempu kuné. Pues, tur loke Dios a pone bo dilanti pa bo hasi, Dios mes ta kapasitá bo pa hasi nan. Esaki Dios ta hasi pasobra El a ekipá bo ku tur loke ta nesesario pa bo kumpli ku e tarea poní bo dilanti. Kumpliendo ku kada kos ku Dios a mustrá bo pa hasi, E mes lo kuida di bo. Manera 1 Juan 5:18b ta bisa: *"... ma Esun ku a nase di Dios ta ward'é, i e malbado no ta mishi kuné."*

Serka Dios lo bo tin tur kos ku bo mester, ora E ta warda bo, guia bo den kada detaye òf parti di bo bida, segun Salmo 23:1. Hebreonan 4:14-16 ta sigui bisa ku bo por papia ku Dios ku tur konfiansa i pidi E mes pa duna bo miserikòrdia i grasia pa yuda den kualke tempu di nesesidat ku bo por ta aden. Kiko ta nifiká "grasia"? Den e kaso akí, un fabor ku bo no meresé.

Bo ta aseptá pa motibu ku Dios a manda Su úniko yu, Hesus, bin muri na un krus pa bo pikánan. Despues e di tres dia Hesus a lanta for di morto. Bo no tin nodi di komprendé esaki; djis kere! Pues, Hesus a hasi esaki pa bo pasobra E ta stima bo, bo ta stimá, aseptá i balorá. E trabou shushi i bèrgonsoso ya Hesus a hasi'é kaba pa bo. Esaki ta nifiká ku abo no mester kana rònt ku sintimentu di kulpabilidat ni di bèrgwensa. Kulpabilidat ta ora bo ta sinti malu pa loke bo a hasi òf keda sin hasi. E ta manera un huisio moral ku bo ta hasi ku bo mes. Por ehèmpel, den un momento di tristesa òf rabia pa ku bo pareha, bo a kòrta orea. I maske bo a atmití esaki i pidi pordon, ainda bo no por kaba di pordoná bo mes; kada bes e echo kometí ta tormentá bo mentalmente. Miéntras ku bèrgwensa ta un sintimentu ku ta bini ariba na momento ku bo ta sinti malu pa ken bo ta. Pues e promé ta un sintimentu negativo pa loke bo a hasi i e último ta un sintimentu negativo pa ken bo ta.

Kisas den bo famia, pa un òf otro motibu, bo ta sinti ku nunka bo opinión ta respetá. I awor ku bo ta grandi, sin ku bo sa, bo ta imponé, pone preshon i asina fòrsa otro pa respetá bo. Òf kisas den grupo na skol òf trabou, semper nan a menospresiá bo pa e aparensia diferente ku bo tin?

Beibel ta bisa den:

Romanonan 8:33-34
"Ken lo trese un akusashon kontra Dios Su skohínan?
Ta Dios ta Esun ku ta hustifiká; ta ken ta esun ku ta kondená?
Cristo Jesus ta Esun ku a muri, sí,
Kende a wòrdu lantá for di e mortonan,
Kende ta na man drechi di Dios, Kende tambe ta intersedé pa nos."

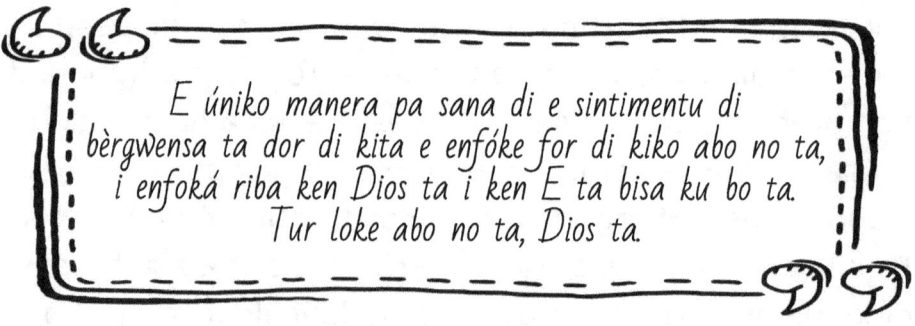

E úniko manera pa sana di e sintimentu di bèrgwensa ta dor di kita e enfóke for di kiko abo no ta, i enfoká riba ken Dios ta i ken E ta bisa ku bo ta. Tur loke abo no ta, Dios ta.

Si bo sa kuantu kos Dios ta bisa di bo den Su Palabra, e Beibel, lo bo haña gana pa wanta un ratu ku e novela nobo ku nan a kaba di kuminsá kuné na televishon i bai lesa loke Dios tin di bisa bo awe. E mihó novela ku tur su intriga, película di akshon, ei mes un poko humor, tur esakinan i mas bo ta haña den e diferente storianan real den Beibel.

Beibel ta un karta di amor, na unda Dios ta mustra bo kuantu E ta stima bo i ku den djE, bo ta un persona, den e kaso akí un *hende muhé*, kompleto, segun:

Kolosensenan 2:10a
"i den djE boso a wòrdu hasí kompleto".

Imaginá bo, e tempunan ayá na skol, e gai ku bo tabata haña "cute", diripiente bo a bin tende di su bròdernan ku e tambe ta haña bo "leuk". Mi ta kere ku bo lo a kuminsá kana ku hopi mas stail i asta yanga poko, pasobra bo sa ku e tambe ta interesá den bo. Meskos ta ora bo lesa tur loke Dios ta pensa di bo; ku bo ta stimá, aseptá, sigur i balorá den Kristu. Si bo a aseptÉ den bo kurason; bo ta Su yu, salbá, Su pret'i wowo i skohí. Djis keda pensa riba esaki i poko poko pero sigur nan lo bira parti di bo bida i parti di bo kaná.

Ta bunita pa sa ku Esun ku a traha mundu i tur tur loke tin den dje, ta pensa haltu di bo i ku E konosé bo; E sa tur bo bon i bo malu, ma tòg E ta pensa i papia bon di bo. Satanas si ta kere tur loke Dios ta bisa di bo i muchu mas di loke ku abo ta pensa di bo mes. E tin miedu di un hende muhé ku ta konsiente di su puntonan débil, ku sa di pone esakinan den man di Dios i ku sa ken Dios ta i ken Dios ta bisa ku e ta. Ora ku e faya, e sa di rekonosé esaki, umiyá su mes - pa doló ku esaki por hasi - pidi despensa i sigui fuerte padilanti. E hende muhé akí sa di move di un forma transparente; orguyo, engaño, flohera, redashi, manipulashon i komportashon di mal ehèmpel no ta parti di su bibá mas, tampoko e no ta apoyá otro den e komportashon akí.

Asina ei bo por kana sintiendo bo mes aseptá, sigur i balorá pa tur loke Dios a hasi pa bo. Sabiendo si, ku si algu mester pasa mes, tur esakinan, tantu dushi komo ménos dushi, Dios lo kohe nan i bòltu nan pa bo bon, manera E ta primintí bo den Romanonan 8:28.

Por ehèmpel pa traha bolo, básikamente bo tin mester di hariña, manteka òf zeta, suku, webu, 'baking soda' òf 'baking powder'. Ningun di e ingredientenan akí riba nan mes, no ta smak dushi. Pero huntu sí, den man di un bon trahadó di bolo, lo ta un delisia. Un bolo ku vários hende lo gosa di dje. Meskos, bo bida tambe. Kue kada kos, tantu dushi pero tambe esnan doloroso, inkluso esun ku bo no ke papia di dje, i duna Dios nan. Papia kunÉ i bis'É: "Dios, mi ta duna Bo esakinan; menshoná kada kaso na nòmber". Maske kisas bo no ta komprondé tur kos òf ta sinti asta desapuntá den Dios, dun'É nan. Traha espasio pa Dios hasi Su trabou den bo bida. Puntra Dios promé ku bo tuma un desishon. Tantu desishon chikitu manera kiko mi ta bai kushiná awe, pero tambe esun grandi, manera kua kas mi ke traha òf kumpra.

> **Isaías 26:3-4**
> *"Lo Bo warda den pas perfekto esun ku su pensamentu
> ta permanesé den Bo,
> pasobra e ta konfia den Bo. Konfia den Señor pa semper,
> pasobra den Dios e Señor nos tin un Baranka etèrno."*

Manera ya abo i ami lo a eksperensiá, bida ta trese reto i situashonnan difísil kuné. Ora esakinan presentá, e reakshon normal ta pa kore bai na e lugá òf hende ku bo ta pensa por duna bo e alivio. Hasi bo mes e pregunta: "Na unda òf den kiko mi ta buska alivio?" "Ken mi ta kore èp pa yudansa?" "Riba kiko mi mente ta kuminsá drei?" "Mi ta blòkia òf yùist kuminsá hansha, zundra tur hende den mi kaminda?"

Hopi bia ora bida kuminsá pèrta, bo mente ta kita for di Dios, pasobra e kurason no sa sigur ku e por konfia Dios. Ta nèt e versíkulo akí di Isaías 26:3-4 ta siña ku, kontrali na tur otro kaminda òf hende, bo mester keda rekordá bo mes ken Dios ta i pidiÉ pa E tuma ofer pa bo. Trein bo mente pa keda kòrda riba Dios ora bida ta trankil, pero tambe ora bida kuminsá primi. I asina ei ménos lo bo keda hansha. Te na ora bo kuminsá hansha mes, asta pèrdè kabes, Dios lo trankilisá bo.

Hende ta konsistí di tres parti: kurpa, spiritu i alma. Bo alma ta enserá bo bida kompleto ku su intelekto, emoshon i boluntat; ken bo ta realmente. Pues den bo alma bo ta haña e mente, emoshonnan i e boluntat pa tuma desishon. Bo spiritu ta e parti di bo, ku sea ta konektá ku Dios òf yùist ta nenga di ta kontektá ku Dios. Miéntras ku bo kurpa ta e parti físiko.

Si solamente un di e partinan akí no ta salú òf den bon estado, ta sufisiente pa hasi henter e kurpa malu. Por ehèmpel bo tin inflamashon. Maske inisialmente bo spiritu i alma por ta salú, e echo ku bo kurpa ta inflamá, tòg por influensiá e dos otro partinan akí. Bo mente no tin e forsa pa konsentrá na skol òf trabou. Aserka, e inflamashon akí ta afektá e áreanan di bo mente, e selebro, kual ta kontrolá bo emoshonnan i bo manera di rasoná. Rasoná ta bo abilidat pa tene kuenta ku por ehèmpel kada echo, informashon, opinion tokante un asuntu pa asina bo logra saka un bon konklushon. Bo ta kuminsá haña pensamentunan negativo i tambe ideanan trosí i robes tokante di bo mes. Pues, un simpel inflamashon por afektá bo negativamente, esta; bo manera di mira bo mes, bo manera di mira bida i e propósito ku Dios a pone bo aki na mundu. Komo resultado, bo ta sinti bo mes desanimá.

Meskos bo mente por ta kargá ku miedu, preokupashon, hansha pa loke por pasa den futuro, kulpabilidat pa fayonan kometé den pasado i bèrgwensa pa ken bo ta komo persona. E sintimentunan akí por hasi bo malu físikamente i daña bo bida òf alma. Tambe esaki por afektá bo deseo di ke konektá ku Dios si òf nò. Pues bo kurpa, alma i spiritu semper ta influensiá un i otro.

Ora bo duna kada preokupashon, sintimentunan di hansha, intrankilidat na Dios, E lo yuda bo tiki tiki pero sigur pa superá e emoshonnan akí. Dios lo bira manera un baranka pa bo; algu pa bo tene duru na djE. Bo ta sinti ku bo ta bai pèrdè kabes? Bo ta sinti e nesesidat pa buska un hende pa baha bo rabia riba dje? Yama riba Dios i laga E ta bo anker. I asina lo bo ta manera un barku ku su anker bon mará, meimei di olanan brutu. E anker no ta stòp e olanan brutu di suta, pero su trabou ta di sòru pa e barku no lòs. Ke men olanan ta sigui bati na e barku, laman mes por bòltu, pero e barku ta keda mará na su anker. Meskos bo bida, ora tenshon subi bin ariba, plannan brua, hende kambia di opinión, morto repentino di un ser kerí, pleitu pisá den famia òf malesa; keda tene na Dios komo bo anker. Bo ta keda hende, bo por faya reakshoná robes òf asta bo wowo por bira sukú un ratu. Pidi Dios kontrolá bo mesora. Kòrda ku fayo ta humano, pero tin desishonnan ku bo tuma, e konsekuensia por keda, anto hopi biaha pa bida largu. Sin embargo, tin fayo òf desishon robes ku bo por evitá.

Mas bo lesa Dios Su Palabra, lo bo deskubrí Dios Su bèrdatnan. Por sosodé ku opinion òf sierto manera di mira bida ku semper bo a aseptá komo e bèrdat, lo kambia miéntras bo ta lesando Beibel. Esaki ta pasobra e Palabra di Dios ta transformá bo mente. I despues ku bo mente kambia, realmente bo por eksperensiá e bon, dushi i perfekto plan di Dios pa bo bida, manera Dios ta bisa den Romanonan 12:2. Perfekto? Dikon? Pasobra e ta presisamente e plan òf propósito ku Dios a diseñá pa bo bida. I unabes bo mente kambia, lo bo tuma desishonnan tambe di awor padilanti segun Dios Su plan pa bo bida. Bo no tin e nesesidat di keda splika bo mes òf proba bo mes den nada. E trabou shushi ya Dios a hasi'é kaba pa bo. Pasobra El a pasa umiyashon i a tuma e kastigu di piká ku tabata kologá riba bo kabes.

Esaki ta konta pa tur piká, tantu esun ku bo ta konsiderá grandi, pero tambe esun chikí. Sí; asta e bia ku bo a kita for di e sèn di kompras di kuminda pa kas, pa kumpra un nèchi shimis i bo a splika bo kasá ku ta e supermerkado su preisnan a bolbe subi. Òf tambe e tres pènnan ku bo a kue di trabou, bai ku nan ya bo yunan ta stòp di bringa na kas i nan por sinta traha nan lèsnan trankil. I abo por bebe bo té na pas.

Ora un hende ofresé pa limpia bo kurá di kas limpi limpi pa bo, bo no tin nodi di bai para limpia e kurá atrobe, hisa shushi i asina hasi e trabou kompletamente di nobo. E trabou, ya un otro a hasié pa bo kaba. Den e kaso akí, e trabou shushi Dios ya a hasi pa bo.

Awor, kua posishon bo ta tuma? Ban kana aseptá, sigur i balorá den Kristu.

Bo promesa, mi orashon

1 Pedro 3:3-4: Señor, siña mi bisti apropiá, bunita, desente i na moda, peña moderá i dòrna na midí. I mas ku tur kos, yuda mi konsentrá ariba mi persona, pues ken mi ta, mas ku mi aparensia di pafó. Mi ke pa Bo yuda mi ....
....
....
....
....
....
....
....
....

Hebreonan 4:14-16: Mustra mi kon pa papia ku Bo, Dios i siña mi pa trese kada debilidat den mi karakter òf tentashonnan Bo dilanti. Laga mi mira riba Bo komo mi ehèmpel. I siña mi keda kòrda ku Abo tambe a ser tentá, tòg nunka Bo a peka. Menshoná kada piká ku bo a hasi i tentashon ku bo tin, na nòmber: ....
....
....
....
....

....
....
....
....

Romanonan 8:33-34: Hasi mi biba liber di kulpabilidat, bèrgwensa òf kualke otro tipo di akusashon den mi kontra. Trese na mi mente asuntunan ku konsiente òf inkonsiente mi no a dil korekto ku nan ainda. I yuda mi skohe dirigí pa asina mi bai resolvé e asuntu òf rekonsiliá ku e otro persona.

Skirbi awor e situashonnan pendiente i algun paso práktiko pa resolvé esaki. Den kaso kaminda ta trata un persona ku ya a fayesé, papia ku Dios di e asunto i tuma e kurashi i skirbi un karta habrí dirigí na Dios. Pone den bo karta tur detaye ku ta molestiá bo. I kompartí ku un persona di konfiansa di bo, tokante e asunto i bo karta.

....
....
....
....
....
....
....
....
....

Kolosensenan 2:10a: Tene mi man, miéntras mi ta biba ku e sentido di ta kompleto den Bo. Menshoná momentonan ku bo ta sinti bo mes inkompleto, ku otro palabra "no sufisiente". Despues pidi Dios yudansa pa vense e sintimentunan di derota akí. Tata, hopi bia mi ta sinti mi inkompleto na momento ku: ....

....
....
....
....
....
....

Romanonan 8:28: Pone kada situashon dushi, tambe esnan doloroso den Su man. Keda konfia ku Dios lo forma algu bunita ku bo bida kompleto. Menshoná situashonnan dushi, tambe esnan difísil ku bo a pasa aden. I duna gradisimentu pa lèsnan ku bo a siña for di esakinan: ....

....
....
....
....
....
....
....
....

Isaías 26:3-4: Yuda mi keda pensa ariba Bo, miéntras Bo ta keda yena mi ku Bo pas perfekto. Siña mi keda konfia den Bo i asina Abo bira manera un baranka òf un anker pa mi. Skirbi tres manera kreativo i práktiko ku bo por hasi Dios manera un anker pa bo den bo bida:

....
....
....
....
....
....
....

Romanonan 12:2: Kambia mi mente i asina laga mi komprendé i kana segun Bo plan pa mi bida. Nota diferente pensamentunan negativo ku ta asotá bo mente. Disidí awor ku bo ta bai stòp di laga e pensamentunan akí dominá bo mente i stanka bo bida. Awor nota algun kosnan ku Dios a hasi kaba pa bo ku a yuda bo kambia bo mente. E por ta versíkulonan tambe: ....

....
....
....
....
....
....

Yama danki pa ...

kada bes ku bo a:

Fecha	Sinti bo sigur, aseptá i balorá den Kristu Hesus

	Yena e hòkinan, segun mester! Si mester mas espasio, sigui riba e páginanan bashí di nota! Deskribí riba e páginanan pa anotashon, kiko por stroba bo di sinti bo mes aseptá, sigur i balorá den Kristu. Entregá esakinan un pa un na Dios, i mira kon E ta yuda bo vense nan!

Pens'é, Not'é!

Pens'é, Not'é!

Pens'é, Not'é!

Kapítulo 5. Bida na abundansia

"Dios ta tuma lugá di tur otro kos, pero nada por tuma lugá di Dios."
Harry Ironside.

Abundansia no ta un palabra komun i koriente, ku hende ta usa den kombersashonnan di tur dia. Hende ta papia di abundansia na momento ku e ke ilustrá ku tin un kantidat grandi di algu. Por ehèmpel: "Tin un abundansia di pasapalo na e fiesta di e famia akí". Sin embargo, Dios ta menshoná e palabra akí den Beibel komo algu ku E ta ofresé na kada hende ku konfiÉ. "Abundansia" den e kaso akí ta nifiká un bida sufisiente di tur kos ku bo tin mester, pa asina bo por tin goso i biba segun e propósito pa kua Dios a traha bo.

2 Korintionan 9:8
"I Dios ta poderoso pa hasi tur grasia abundá pa boso, asina ku teniendo semper sufisiente di tur kos, boso por tin abundansia pa tur bon obra".

Juan 10:10
"E ladron ta bin solamente pa hòrta, pa mata i pa destruí; Ami a bin pa nan tin bida i pa nan tin é na abundansia."

Si bo ta un yu di Dios, E ta primintí bo di duna bo semper sufisiente di tur kos i asina bo por duna na un otro sin tin e miedu ku bo no ta keda ku sufisiente pa bo mes nesesidatnan. E motibu dikon bo por yuda un otro persona den su nesesidat sin miedu, ta pasobra bo ta hasi Dios mes bo fuente. Ku otro palabra, bo ta duna sin spera bèk di e persona, ma bo ta spera di Dios mes e loke bo tin mester.

Den e versíkulo di 2 Korintionan 9:6-15 Pablo ta splika e bendishonnan ora bo ta duna ku alegria, pues di kurason. Ora bo ta duna ku alegria, bo ta mustra na un otro persona e mesun grasia ku Dios tambe ta mustra na bo kontinuamente. Mas bo duna, mas Dios lo duna bo di manera ku bo por sigui duna.

Algun ehèmpel di kosnan ku bo por duna, ta bo:

- o Tempu, atenshon: traha espasio pa skucha un otro persona i asina konbibí kuné den su tempu difísil, pero tambe den su tempu dushi ku e por ta pasando;

- o Sèn, komprenshon: duna òf fia un hende sèn i asina yud'é sali for di un pèrtá ku e ta aden;

- o Regalo, amabilidat: kumpra un gesto segun smak di e persona i regal'é esaki;

- o Komplimènt: elogiá un otro hende ku bo palabranan ku ta duna bida.

E ta rekerí fe pa bo duna na un otro persona. Pasobra bo fe den Dios ta yuda bo spera i mira Dios sòru pa bo mes nesesidatnan. E mesun fe ku bo a mustra den Hesus na momento ku bo a pidiÉ pa bin biba den bo kurason, e mesun fe ei bo mester keda mustra den Dios. Fe ku E ta duna bo grasia pa asina bo biba un bida na abundansia. Huntu ku e grasia ku bo tin mester, Dios ta duna bo e poder tambe, segun:

Efesionan 3:20
"Awor na Esun ku ta poderoso pa hasi tur kos muchu mas abundantemente di loke nos ta pidi òf pensa, segun e poder ku ta obra den nos".

Bo a pèrdè speransa na kaminda? Ezekiel 37:1-14 ta konta di e vaye di wesu seku. Ezekiel tabata un profeta. Un dia Dios a hib'é i asina el a bai na un vaye ku tabatin yen di wesu seku. Dios a bisa Ezekiel pa e bisa na e wesunan seku akí pa nan tende e palabra di Señor. Dios lo supla rosea den kada wesu seku i laga nan biba. Múskulo lo bin riba nan, karni lo bolbe krese, kubri kueru i haña bida bèk. Esaki Dios lo hasi, pa asina tur hende mira ku ta E ta Dios. Ezekiel a hasi manera Dios a bis'é. I miéntras Ezekiel tabata papia e loke Dios a bisa na e wesunan, a bin un boroto, despues sakudimentu i e wesunan a bin pega na otro. Kada wesu a pega na su wesu. Múskulo a bin riba nan, karni a krese i kueru a kubri nan. Despues rosea a drenta e wesunan, nan a haña bida i a lanta para riba nan pia.

Bo a yega di sinti manera bo ta sekando di paden i ku bo no tin speransa mas? Ora bo tin e Spiritu Santu di Dios ta biba den bo, lo bo tin bida i e forsa ku E mes ta duna bo pa bo biba un bida na abundansia. Dios ta kapas pa duna bida na wesu seku. No tene miedu; tene fe pa tur kos ku ta parse seku. Konfia den Dios; hasi orashon! Dios lo hasi un manera pa saka bo for di e sekura ku bo ta sinti bo ta aden. Ku alegria lo bo por duna na un otro, sabiendo ku bo fuente no ta bin di bo mes, ma di e Dios bibu.

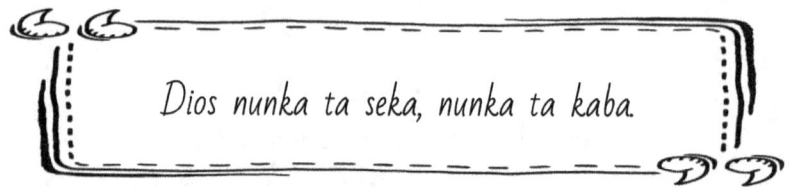

Dios nunka ta seka, nunka ta kaba.

Kisas den bo bida bo a pèrdè speransa i por a eksperensiá por ehèmpel:

- Después di tantu aña kasá, abo pensando ku tur kos ta bon, ma diripiente bo a bin deskubrí infieldat den bo matrimonio;

- Despues di hopi lucha i trabou duru, porfin abo i bo sosio a logra pone boso negoshi para riba pia. Awor pa kolmo, pa bo di malu, bo sosio a hasi estafa den e kompania;

- Diripiente bo mihó amiga ta haña notisia ku e tin kanser i ta den e fase tèrminal;

- E frei di bo hubentut ta invitá bo bai kome kuné. Bo ta bai kumpra un bunita shimís. Bo a probechá drenta den e pakus, i lur wak algun paña di kasamentu. Algun ora despues, sintá na restorant, bo ta mira bo frei manera nèrvioso, inkómodo. Bo ta pensa: "Dios sa ta nèrvio e pober tin, pa puntra mi pa kasa." Logá a bin resultá, ku bo frei ta bisa bo pa boso kibra. El a konosé un otro mucha muhé i ya nan tin fecha kaba pa kasa;

- Abo i bo kasá a purba tur sorto di kos pa sali na estado; orashon, vários método posibel i asta bo a bebe tur e yerbanan ku bo wela a bisa bo ta bon. Pero te ku awor tur tèst a keda sali negativo, miéntras ku dòkter nan ta sigurá bo ku no tin nada robes ku abo ni bo kasá;

- Hefe a yama reunión na trabou. Tur kos ta mustra ku e siguiente promoshon lo ta di bo. Además, e último simannan akí, kada bes mas piesa na bo outo ta keda daña. Pensando ku e promoshon akí ta den kurpa, bo a asta tribi wak e próksimo modèl nobo di outo ku ta pas ku bo stail. Promé bo drenta reunion, kanando ku konfiansa riba bo hilchi nobo nobo, bo ta drenta kushina traha bo kòfi. Dos kolega pará na banda ta komentá un ku otro, ku esun ku lo haña e promoshon ta nèt e kolega ku tin kustumber di yega lat i baha trempan, mèldu malu presís tres dia promé ku su fakansi i entregá tur su proyektonan djis despues di e ultimatum. Por poko bo ta plama bo kòfi riba bo blusa blanku.

Tur esaki i mas por kambia bo manera di mira bida, i hopi bia negativamente. Asta bo por yega na un punto ku bo no ta anhelá mas pa biba e bida na abundansia. Bo ta biba djis pa biba numa. Ademas, bida mes konstantemente ta manera un kareda di pustamentu di ken por logra mas i mas lihé. Fásilmente esaki por pone bo keda kompará bo mes ku otronan i asina stroba bo di biba un bida abundante.

Si bo mira bon, for di mucha e kareda akí ta kuminsá. Puntra bo mes, kuantu bia na mucha inosentemente nan a puntra bo òf abo a hasi e pregunta akí na un mucha: "Dushi, kiko bo ke bira ora bo bira grandi?" Despues ora e mucha yega grupo 6, hende ta bombardié ku preguntanan manera: "Kua skol bo ta bai ora bo kaba enseñansa di fundeshi?" Ora porfin e logra yega enseñansa di fundeshi, ta kuminsá lansa preguntanan manera: "Kua skol bo ta sigui despues? Ainda bo ke bira e loke ku bo ker a bira na mucha?" Despues: "Esaki ta bo frei?" Ora bo ta kabando ku skol: "Bo tin trabou kaba?" Unabes bo a logra haña un trabou, hendenan den bo sírkulo ke sa si e gai ayá ku nan ta mira bo kada bes kuné, ta bo frei i si tin fecha kaba pa kasa. Finalmente, bou di un tiki preshon, bo a bin atmití ku si, ta e gai ei mes bo ta frei, i tal fecha boso ta kasa.

Asina ei kasamentu a kai aden. Ya después di e luna di miel, bo mama ta kuminsá puntra si e echo ku bo a yena un par di kilo ta pasobra bo a kome hopi bolo durante e luna di miel, òf si e por konta su amiganan numa ku porfin e ta bai bira wela.

Awe e bon notisia a yega, ku bo ta na estado. Despues di tempu yuchi a nase. Miéntras bo ta haña bishita pa wak e beibi resien nasí i bo kurpa ta biniendo bei, algun hende ku antisipashon i ku un sonrisa grandi riba nan kara, ta insinuá ku ta salú pa e yuchi haña un ruman ya e ta siña parti. Bo ta skohe pa smail i keda amabel numa.

Ora abo bira mama sin sa ki ora, e sírkulo akí ta bolbe ripití. Dor ku awor ta abo ta hasi e mesun preguntanan ku nan a hasi bo. Di e forma akí bo tambe ta yuda pone preshon na un otro pa e logra metanan den bida, kaminda no nesesariamente Dios tin esaki pa e persona i pa e momento ei. Inkonsientemente nos mes por stroba otro di biba e bida na abundansia ku Dios a destiná pa e biba. Nos ta pèrmití mundu definí pa nos kon e bida na abundansia mester ta i ta trata na pone otro hende i nos mes den e malchi ei.

Mundu ta kontrolá pa media sosial. Siendo riba media sosial ku yen di amigu virtual, bo por sinti bo preshoná pa keda pone yen di pòtrèt òf sèlfi. Pa asina bo proba na mundu kompleto ku bo ta felis, bo a logra baha shete kilo òf ku bo ta den e proménan ku tin e último modèl di kèts. Media sosial riba su mes no ta malu, pero hopi bia e forma kon ta usa esaki ta robes. Media sosial por pone vários hende biba den depreshon innesesariamente, pasobra bo ta kompará bo realidat ku e fingimentu di esun ku ta publiká kos riba media. Kisas asta bo a kuminsá deseá den bo kurason pa ta manera e i ta aspirá na tin su bida, maske kisas su bida mes no ta kompletamente manera e ta publikando riba retnan sosial. Finalmente, bo ta keda desapuntá kada bes bo sinti ku bo no ta bon sufisiente, pasobra abo nunka por tin e bida di e persona ku tantu bo ta atmirá. Si algu malu mester sosodé mes ku e persona ei, lo bo gosa djis un ratu asin'ei so den bo kurason. I despues lo bo sòru si pa dese'é tur kos bon pa sigui padilanti.

Pero, dikon e sintimentunan akí di envidia? Imaginá bo, bo ta na kas ku bo yunan, bo a kaba di hasi diferente trabou di kas i a keda tur sodá. Bo tin bo t-shirt faborito bistí; un blusa tela di katuna ku propaganda di partido polítiko riba dje. Despues bo ta habri bo media sosial preferí. Bo ta mira un mucha muhé ku bo tabata huntu kuné den klas ora boso tabata mucha.

Kurioso, bo ta sigui "scroll" bai abou i bo ta mira ku su kueru ta mustra limpi i hopi bunita. Su kabei ta na òrdu. Aserka e ta nèchi bistí tambe, ku barika relativamente plat i riba hilchi, miéntras e ta drecha pan pa su yunan bai skol. Su forma di drecha pan ta hala bo atenshon; esaki no ta e manera ku abo a kustumbrá hasi. E mucha muhé akí ta tuma su tempu kòrta tur e pannan di un forma masha atraktivo. E ta pone kada pan huntu ku su fruta den un saku. Den e saku e ta pone tambe un nota bunita i skirbí na man pa kada yu. Despues mas abou bo ta mira potrèt di e lugá renombrá na unda e ta un di e miembronan di direktiva. I pa kolmo, bo ta mira tambe vários potrèt di e kas, outo, asta di nan último destinashon di fakansi bebiendo té di yerba.

Desapuntá bo ta drei wak bo blusa ku propaganda di partido riba dje. I bo ta hasi bo mes e pregunta: "Kon bin e si su barika ta plat i di mi nò? Su bida ta mustra perfekto. Dikon di mi yùist ta pa su kuenta?!"

Bo a yega di eksperensiá esaki?

Esaki ta djis un ilustrashon di ora nos ke proyektá un imágen no kompletamente real di nos mes i aparentá di tin un bida na abundansia. Otronan ku mira esaki, ta kai den e bisio di ke imitá i asina kompetí pa wak ken su bida ta mas yen ku di e otro. Unabes bo kai den esaki, bo no por sigui disfrutá di bida, pasobra bo enfóke ta pa proba na e mundu kompleto ku bo bida ta abundante, enbes di konsentrá pa biba e bida realmente abundante.

Nota pa bo mes e situashonnan den bo bida ku a pone bo pèrdè speransa pa sigui biba. Papia ku Dios habrí tokante kada un di nan. No sinti bo fòrsá pa usa yen di palabra grandi i elokuente ora bo ta papia ku Dios. Djis papia ku Dios for di bo kurason. Bo mag di ta rabiá ku Dios, solamente no laga e sintimentu di rabia akí, keda te ei. Asta bo sintimentu di rabia, desapunto, konfushon, entregá esaki na Dios. I kon bo ta hasi esaki? Simplemente bisa Dios: "Mi ta duna bo kada un di esakinan un pa un." Despues, basa bo orashon na Dios riba e versíkulonan ku tin den e buki akí. Na mes momento, sinti bo liber tambe pa buska ònline, por ehèmpel via Google, mas versíkulonan ku ta pas ku e tema di loke bo a pèrdè den bo bida. Ta kreativo; traha un lista di tur e versíkulonan ku bo a haña. Por ehèmpel skirbi òf tek kada un riba un papel i kologá esaki un kaminda seif, na unda bo por repasá kada versíkulo regularmente. Kisas bo por kologá nan rònt di bo spil den bo kamber òf baño? Tòg tur dia promé bo sali kas, bo ta para laba kara, peña, e or'ei ta un bon momento pa bo repasá kada versíkulo. Kisas bo por plak nan den bo agènda, nèt banda di bo sitanan, pues ta fásil pa bo mira i kòrda riba nan.

Buska un hende muhé di konfiansa, ku un relashon serio i fuerte ku Dios, kende lo por animá bo pa buska Dios. No nesesariamente e hende muhé akí mester tin mas edat ku bo. Pero en todo kaso, e persona akí mester tin eksperensianan di bida i konvikshonnan manera Dios ke, pa asina e por aportá na bo bida. Kisas abo i e hende muhé akí ta traha un sita i topa na bo lugá faborito i boso, si ainda esei no ta e kaso, poko poko pero sigur por sera un bunita amistat.

Amistat, no solamente ta dushi pasobra bo tin un otro persona pa hari tur bo chistenan òf pa yuda bo hasi malu, pero mas ku tur kos, amistat ta algu ku Dios mes a diseñá.

Un di e hopi benefisionan di bon amistatnan ta, pa bo tin un otro persona ku por yuda bo pensa i hasi eskoho ku ta yuda bo krese riba e kaminda drechi. Proverbionan 27:17 ta bisa ku un bon amigu ta hasi su amigu mas skèrpi, meskos ku ora heru ta mula heru, kada heru ta bira ainda mas skèrpi. Tambe Dios ta bisa den:

Amos 3:3
*"Dos hende ta kana huntu,
sin ku nan a bai di akuèrdo ku otro?"*

Un amigu bèrdadero t'ei pa bo den tempunan dushi, pero tambe e tempunan malu. Pues, e ta un persona ku ora algu tremendo pasa ku bo òf un soño di bo a realisá, bo por kore bai serka dje, kompartí esei kuné. Sin tin ku tene bo alegria atras, pasobra e ta rabia òf sinti resentimentu pa ku esaki. Meskos tambe bo por aserk'é ku konfiansa ora bida kue poko buelta straño riba bo, i bo no sa mas kua banda pa kue. Tambe bo por kompartí habrí kuné tokante bo debilidatnan i luchanan. Na unda e por animá bo, koregí bo ora bo ta robes i bo mes no ta ni konsiente di esei i asina tene bo skèrpi. E por duna bo konseho di kosnan ku e sa; pero ora ta trata tema òf asuntu ku e no sa di dje, e lo sòru di buska e kontesta sea pa bo òf huntu ku bo. Mas ku tur kos, e ta motivá bo pa buska Dios mas i asina krese den bo relashon ku Dios.

Tur esakinan ta tremendo ora abo ta esun ku ta risibí nan. Meskos tambe, hasi bo mes e pregunta akí: "Ami ta e tipo di persona ku otronan por kore bin serka mi ku tur konfiansa i haña un bon amigu den mi?"

Den Tito 2:3-5 bo ta mira básikamente e komportashon ku Dios ta spera di Su yu muhénan; kual ta pa e:

- o Komportá ku rèspèt;
- o No ta papia malu òf difamá otro;
- o No ta sklabisá na biña;
- o Ta siñando loke ta bon;
- o Animá e muhénan hóben pa stima nan famia i respetá nan mes esposo;
- o Huisioso, pues prudente i madurá den loke e ta hasi;
- o Puru;
- o Bon ama di kas;
- o Kariñoso.

Manera e versíkulo ariba ta splika, ta importante pa bo pasa bo siñansa ofer na un ku ta bini despues di bo. Portá ora abo tabata mas yòn òf ku ménos eksperensia di bida, bo no tabatin un dama konfiabel ku sabiduria pa kana ku bo den bo bida. Awor abo tuma un pará; e dama ku tantu abo tabatin mester pa tene bo man i kana ku bo, abo bira esaki pa un otro. No ta nada ku bo no sa tur kos; bo no tin mester di tin e kontesta riba tur kos. Ku djis bo aktitut, habri bo porta di kas òf porta di bo bida pa e dama akí. E lèsnan di bida ku abo a siña i ta konsiderá chikitu òf di ménos importansia, kisas ta nèt esakinan e damita akí tin mester pa hasi un kambio drástiko den su bida. Nos niun a nase drechi; manera e dicho ta bisa: "Nos ta hendenan drechá!" Awor tuma riba bo enkargo, pa yuda un otro drecha. Damitanan lo habri, si solamente nan haña e konfiansa den un persona real ku no tin miedu di kompartí di su triunfonan, ni tampoko di su fayonan.

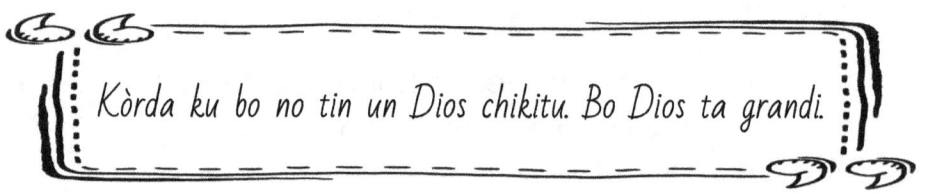

Kòrda ku bo no tin un Dios chikitu. Bo Dios ta grandi.

E ta e Rei di reinan, pues komo su yu muhé, esaki ta hasi bo un prinsesa. Un prinsesa ku tin tur kos na su disposishon; tur loke e tin mester pa por biba e bida na abundansa den e etapa di bida ku e ta den, manera su Tata ta deseá di mira su yu muhé.

Kòrda tambe ku Dios ta stima bo i pa medio di Su amor pa bo, El a pordoná bo. Asina, no bai molestiá, kibra kabes kuestioná Dios, pensando kon Dios ta stima bo te pa El a pordoná bo. Nèt E ku sa delaster un piká ku bo a kometé, asta esun ku bo tin pensá di bai kometé aki ratu. Bo mente di hende no por kapta e amor asina grandi akí ku Dios tin pa bo.

Meskos ora bo bai bo dòkter di kas. E ta hasi bo pregunta dirigí i basá riba bo kehonan, segun tin mester e ta preskribí remedi pa bo. E remedi su nòmber apenas bo por pronunsiá. Ma, bo ta tuma bo resèpt ku konfiansa. Bo no ta bai pega un pleitu kuné pasó atrobe bo no ta komprondé loke el a skirbi òf taip. Òf eksigí di bo dòkter ku promé ku bo sali bai for di su ofisina, e mester proba bo ku e remedi ku el a preskribí di bèrdat ta funshoná. Òf bo ta bisa bo dòkter, bo ta skohe pa warda un tres aña numa promé bo usa e remedi, djis pa sa sigur ku e remedi ei no ta bai pone bo muri promé ku tempu. Mi tin sigur ku lo bo tuma e resèpt for di man di e dòkter ku hopi antisipashon, yam'é danki i kue bo kaminda rumbo pa botika.

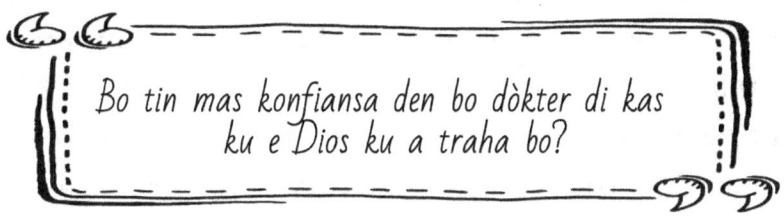

Bo tin mas konfiansa den bo dòkter di kas ku e Dios ku a traha bo?

Di e mes manera Dios Su amor pa bo. Bo tin ku únikamente aseptá Su amor pa bo i asina bo por biba e bida ku E tin wardá pa bo i na abundansia.

Ademas, Salmo 37:4 ta bisa pa bo gosa den ken Dios ta i tur loke E ta nifiká pa bo. I asina ei Dios lo duna bo e deseonan di bo kurason. E idea tras di e versíkulo akí ta, ku mas bo krese den bo relashon ku Dios, Dios mes ta kambia bo kurason i pone bo deseá loke ku E ke. I unabes bo kurason ta manera Dios ke pa e ta, e ora ei bo ta kuminsá deseá i pidi presisamente loke Dios ke pa bo bida. Dios ta bisa den:

Juan 14:14
"Si boso pidi algu den Mi nòmber, lo Mi hasié".

Sin embargo, e mester ta trata algu ku E tin pa bo. I e resultado ta ku lo bo haña esaki, pasobra bo ta pidi segun e plan ku ya Dios a diseñá pa bo bida. Ke men no a keda nada mas ku abo haña bo kontesta di orashon. Kisas no na e forma òf e tempu ku abo ke. Ma na e tempu korekto; e tempu di Dios i ainda mihó ku loke bo mente por kapta.

Ademas, un di e kondishonnan pa bo tin un bida na abundansia, ta pa deskubrí bo propósito di bida. Kiko bo ta gusta i kiko bo ta bon aden? Kiko ta bo talentonan? Kiko ta bo pashon? Kiko bo kurason ta kima p'e? Kiko ta molestiá bo kada bes ku bo mira òf tende di dje? E kontesta ariba e preguntanan akí por duna bo un indikashon di kiko ta e motibu pa kual Dios a traha bo. No kompará bo propósito di bida ku esun di bo kolega, ni bo mama tampoko ku esun di bo bon amiga ku bo ta atmirá. Kòrda ku kada hende su propósito ku Dios a pon'é riba e mundu akí, ta úniko.

Aki ta sigui un lista ku 10 pregunta. E kontesta riba kada pregunta por yuda bo deskubrí bo propósito di bida. Tuma mas o ménos 30 minüt di bo tempu; lesa kada pregunta bon i kontestá nan ku un kurason sinsero.

1. Kiko ta hasi mi kontentu i pone mi pèrdè noshon di tempu? E por ta evento, hòbi, proyekto.

2. Ken ta inspirá mi mas? Kisas un miembro di famia, amigu, outor òf lider. Splika kon e persona ta inspirá mi i kiko ta e sekreto pa su logro.

3. Kiko hende sa aserká mi pa mi yuda nan kuné?

4. Kiko mi ta dispuesto pa hasi sin ku hende paga mi?

5. Kua doló di mi pasado Dios por usa pa bon den mi bida i den bida di otronan den mi kaminda? Menshoná e doló i e forma kon Dios por usa esaki pa bon.

6. Kiko ta molestiá mi kada bes ku mi mira òf tende di dje?

7. Kiko mi ta balorá mas? Por ehèmpel: mi logro, beyesa, kreatividat, variedat, famia, amigu, salú, goso, sèn, produktividat, rèspèt, seguridat o libertat.

8. Kua ta e temanan ku mas mi ta kombersá di dje ku mi amigunan íntimo?

9. Si gobièrnu di mi pais skohe ami pa bira e lider máksimo, kiko lo mi kambia mesora na mi pais?

10. Si awe ta mi último dia di bida, kon lo mi skohe pa pas'é? Kon mi ke pa hende keda rekordá mi?

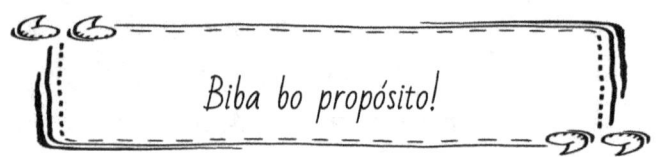
Biba bo propósito!

Konsiderá tur loke bin den bo kaminda, tantu bon pero tambe malu, komo parti di e plan perfekto ku Dios a diseñá pa bo bida. Siña for di bo fayonan, meskos tambe siña di fayo ku otronan a kometé kontra bo. Laga Dios ku a traha bo, kura bo kurason kibrá i desapuntá. Laga E mara bo heridanan un pa un, manera E ta primintí di hasi segun:

Salmo 147:3
"E ta kura esnan di kurason kibrá, i ta mara nan heridanan."

Ken mihó kunÉ pa hasi esaki. Tòg ta E a tuma Su tempu traha bo i pone bo aki na mundu i pa un momento manera esaki.

Básikamente den e kapítulo akí, bo a siña kon pa bai bèk den pasado i mira momentonan den bo bida na unda bo a pèrdè speransa i stòp di biba un bida na abundansia. Tambe, kon pa haña speransa bèk i den ken bo speransa mester ta pa sigui ku e bida di un forma abundante. Bo a siña pa duna for di un kurason alegre, sperando tur kos bèk di Dios komo bo fuente. Dios ta sòru pa semper bo tin sufisiente di tur kos. Ora bo pèrmití Dios trese un kambio den bo bida, duna bo e rosea ku tantu bo tin mester i bo kuminsá biba e presente segun e plan di Dios pa bo bida, **e ora ei den Kristu lo bo biba bo bida abundantemente**. I ta esei Dios ke pa bo, pasobra

El a bin pa duna bo bida i bida na abundansia, miéntras ku semper lo bo tin sufisiente di tur kos pa abo mes i pa otronan rondó di bo!

Bo promesa, mi orashon

2 Korintionan 9:8: Señor, mustra mi maneranan práktiko kon ami por ta mas generoso ku otronan rondó di mi, dor di ……………………………………………………………
……………………………………………………………………………
……………………………………………………………………………
……………………………………………………………………………
……………………………………………………………………………
……………………………………………………………………………
……………………………………………………………………………
……………………………………………………………………………
……………………………………………………………………………
……………………………………………………………………………
……………………………………………………………………………
……………………………………………………………………………

Juan 10:10b & Ezekiel 37:1-14: Señor, mustra mi na unda mi a pèrdè speransa. I kon Abo ke supla Bo rosea bèk den mi bida! ………
……………………………………………………………………………
……………………………………………………………………………
……………………………………………………………………………
……………………………………………………………………………

Salmo 37:4 Deskribí den algun paso práktiko kiko Salmo 37 kompleto ta nifiká pa bo: ....

Salmo 147:3: Nota momentonan klave den bo bida, na unda bo kurason a kibra i haña herida: ……

Yama danki pa ...

kada bes ku bo a:

Fecha	Biba na abundansia

	Yena e hòkinan, segun mester! Si mester mas espasio, sigui riba e páginanan bashí di nota!
	Skirbi riba e páginanan pa anotashon, maneranan diferente ku bo por tin un bida na abundansia! Kòrda ku mas yen bo biba, mas Dios lo duna bo. I mas bo duna na un otro, Dios ta keda yena bo kopa pa bo (Salmo 23)!

Pens'é, Not'é!

Pens'é, Not'é!

Pens'é, Not'é!

Pens'é, Not'é!

Kapítulo 6. Felis i yen di Goso

"Un hende yen di goso ta prediká sin ku e ta predikando."
Mama Teresa

Kiko ta hasi bo felis òf yena bo ku goso? E por ta, kai sinta un ratu ketu den bo sofá ku pia na laira, despues di un dia pisá? Òf pasa un ratu na telefòn ta kombersá ku bo bon amiga? Kisas kome bo tayó di kuminda sin tin ku keda parti ku bo yunan ku ya a kome nan propio kuminda?

E pregunta importante ku ta sigui ta; tin un diferensia entre felisidat i goso? Dikshonario ta definí felisidat komo un estado di ánimo kaminda bo ta sinti bo mes satisfecho ku bo por gosa di loke bo tin. Pues, felisidat ta mará na kosnan di pafó manera, e amor di un hende, òf lugá, evento i situashon, manera menshoná den e introdukshon. Miéntras ku dikshonario ta definí goso komo un alegria spiritual ku e Spiritu Santu di Dios ta duna.

> **Santiago 1:2-4**
> *"Konsiderá esaki komo puru goso, mi rumannan,*
> *ora boso haña boso mes den diferente pruebanan,*
> *sabiendo ku e prueba di boso fe ta produsí pèrseveransia.*
> *I laga pèrseveransia tin su resultado perfekto,*
> *pa boso por ta perfekto i kompleto,*
> *sin falta di nada."*

E versíkulo ariba akí ta mara goso ku prueba. Kiko esaki ta nifiká? Promé ku sigui, ban wak e nifikashon di e palabra "prueba". Prueba den e kaso akí ta na momento ku un persona ta pasa den un tèst. Bo ta kòrda kon na skol den klas bo mester a paga bon tinu pa despues bai kas traha bo tareanan, aunke kisas un poko fadá. Despues di un periodo di tempu, ta yega e momento pa bo pasa un sèt di prueba pa asina e dosente por opservá si di bèrdat bo ta dominá e materia. Meskos ta sosodé ku bo bida. Por konsiderá e klas komo bo bida, e dosente komo Dios i e tèst komo e prueba òf dolónan ku ta bini den bida di kada persona.

Bo a yega di puntra bo mes: "Dikon prueba òf doló ta parti di bida? Bida lo no ta muchu mas mihó sin esakinan?"

Doló, tristesa i prueba ta konsekuensia di e bida kontrolá pa piká ku nos ta bibando. Bo ta kòrda e promé hendenan ku Dios a krea? Adam i Eva. Nan a faya pasobra nan a kome e fruta di nèt e palu ku Dios a prohibí. Tur hende ku nase ta bini di e promé hendenan akí, pues nos ta nan desendientenan. E resultado ta ku delaster un hende outomátikamente ta nase komo pekadó. Pens'é un ratu; bo mester siña bo yu gaña òf manipulá? Bo mester siñ'é hòrta, despues ora bo gar'é, bo mester splik'é ku aki e mester kuminsá yora, ya bo ta kai na su pena? E kontesta ta "nò". E ta nase pekador i ta inkliná pa hasi piká.

Un siguiente motibu dikon Dios ta pèrmití doló den bo bida, ta pa unabes ku bo a pasa dor di bo prueba i a logra sali afó ku yudansa di Dios, no tin un persona mas adekuá pa yuda un otro. Manera Dios ta bisa den:

2 Korintionan 1:3-4
*"Bendishoná sea e Dios i Tata di nos Señor Jesu-Cristo,
e Tata di miserikòrdianan i Dios di tur konsuelo,
Kende ta konsolá nos den tur nos aflikshon,
pa asina nos tambe por konsolá esnan ku ta den
kualke aflikshon ku e mesun konsuelo
ku Dios a konsolá nos kuné."*

Dios por usa hende pa mustra un otro persona ku ta pasando den un tempu fèrfelu, kuantu Dios ta stim'é. I ku e dolónan ku e ta eksperensiando, no ta pa kaba kuné, ma pa hasié mas fuerte ainda. Manera Beibel ta bisa den:

Genesis 50:20
*"I pa loke ta boso, boso a plania maldat kontra mi,
ma Dios a planié pa bon, pa laga tur kos sosodé manera a resultá awe,
pa preservá bida di hopi hende."*

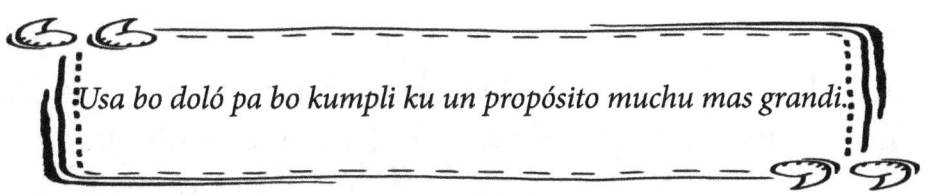

Usa bo doló pa bo kumpli ku un propósito muchu mas grandi.

Otro motibu pakiko Dios ta pèrmití prueba den bo bida, ta komo un forma di disiplina. Manera Dios ta bisa den:

Hebreonan 12:10
*"Pasobra nan a disipliná nos pa un tempu kòrtiku,
manera nan tabata haña ta bon, ma E ta disipliná nos pa nos bon,
pa nos por kompartí den Su santidat."*

E ta manera e tèst na skol i meskos tambe ku un atleta ku ta trein pa kompetí kontra otro atleta. E entrenamentu pisá den kombinashon ku kome kumindanan saludabel, no ta algu ku e ta disfrutá. Apesar di esei e ta konsentrá riba su meta final, kual ta pa logra un bon salú i un prestashon ekselente. E enfoke akí ta dun'é e motivashon i e disiplina nesesario pa e sigui perseverá den e entrenamentu i e komementu saludabel. Si e nenga di hasi esaki, e ta faya sigur.

Di e mes manera pa un yu di Dios; si nunka e pasa dor di doló i superá esaki, su karakter no ta haña sufisiente peso pa asina e krese komo persona. Lo e ta manera un adulto, pero ku karakter di un mucha. Beibel ta bisa den:

> **Romanonan 5:3-4**
> *"I no solamente esaki,*
> *ma nos ta regosihá tambe den nos tribulashonnan,*
> *sabiendo ku tribulashon ta produsí pèrseveransia;*
> *i pèrseveransia, karakter; i karakter, speransa".*

Ora bo ta un yu di Dios, bo por tin goso meimei di momentonan trubel, pa motibu di e persona den ken bo fe ta; Hesus. Fe ta yuda bo mantené bo goso, apesar di tur kos. E goso akí no ta kita e doló ku bo por ta sintiendo meimei di e slanan di bida; bo doló ta keda algu real. Sin embargo, bo por keda gosa, kada bia bo kòrda ku e tempu pisá akí ta siña bo pèrseverá i bira mas fuerte di karakter. Meskos ku e atleta, bo enfoke no ta riba e doló, ma riba e resultado ku e doló akí ta trese kuné pa bo bida. I no solamente pa bo bida, ma pa bida di miónes di hende mas rondó di bo.

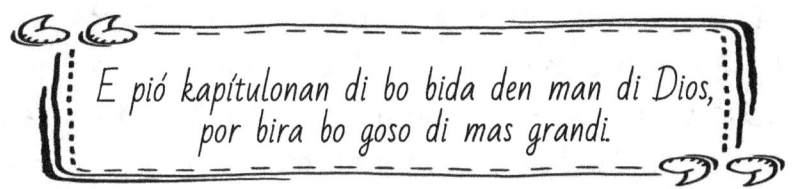

E pió kapítulonan di bo bida den man di Dios, por bira bo goso di mas grandi.

Un otro motibu ku bida tin diferente prueba, ta Dios Su forma pa tèst hende pa sa kiko ta biba den nan kurason. Kiko ta e promé sintimentu ku ta lanta den bo na momento di un prueba? Rabia, duele di bo mes, desapunto pa ku Dios i hende, falta di pordon...èts.? Beibel ta bisa den:

Deuteronomio 8:2
*"I kòrda henter e kaminda ku Señor bo Dios a guiabo
den desierto e kuarenta añanan aki,
pa E umiyábo i ponebo na prueba,
pa haña sa kiko tabatin den bo kurason,
si lo bo a warda Su mandamentunan, sí òf nò."*

Di e forma akí nos por a komprendé diferente motibunan pa kual Dios ta pèrmití doló, prueba, tristesa, desapunto den nos bida. Tene na kuenta si, ku Dios ta pèrmití esaki, ma E mes no ta kousa òf trese esaki den bo bida.

Santiago 1:2-4 ta splika nos pa konsiderá e echo di pasa den pruebanan komo "puru goso". Pasobra e prueba di bo fe, ta siña bo perseverá. Unabes bo perseverá, lo bo ta kompleto, sin falta di nada. Bo ta mira prueba den bo bida manera un strobashon òf mas bien komo un trapi ku bo mester subi pa yuda bo siña i krese? Bo manera di mira prueba ta determiná si bo ta siña i bira mas fuerte òf si bo ta biba derotá. Si bo ta un yu di Dios, keda kòrda ku kada prueba ta parti di un plan mas grandi i yen di goso pa bo bida. No sigui mira prueba i doló pa loke e ta hasiendo ku bo na e momento akí, ma pa tur loke ku e lo produsí den i via di bo. Mir'é komo un chèns mas pa bo siña i krese, tambe pa bo yuda otronan ku bo lèsnan di bida.

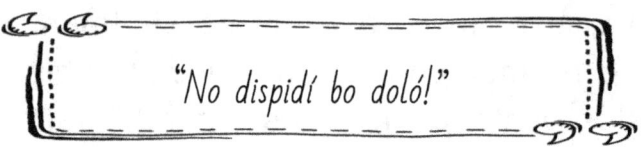

"No dispidí bo doló!"

Pues no pasa dor di bo doló sin siña lèsnan balioso. For di dje, bo por saka bunita lèsnan di bida ku lo keda ku bo pa semper. Ban wak kon bo ta sòru pa no dispidí bo doló, pa medio di e siguiente 10 verbonan: "Konosé", "Puntra", "Buska", "Nota", "Planea", "Deskubrí", "Lesa", "Mantené", "Prosesá" i "Kompartí":

- o *Konosé* Dios mihó. Papia kunÉ habrí di bo doló. Hari pero tambe yora kunÉ;

- o *Puntra* Dios kiko ta loke E ke siña bo for di e tempu difísil akí, sea ta dor di bo mes falta ò pa falta di un otro, pues algu ku un otro a hasi ku bo;

- o *Buska* un persona di konfiansa papia kuné di bo doló. Dios no a yama bo pa bo chambuká dor di bida bo só;

- o *Nota* pa bo mes tur e lèsnan ku bo ta sakando for di e tempu doloroso akí;

- o *Planea* pa sosegá bo kurpa;

- *Deskubrí* kua ta bo hòbi i buska pa praktiká esaki sin tin ku gasta muchu sèn;

- *Lesa* un buki ku por yuda bo;

- *Mantené* bo dilanti tur e formanan kon bo ta kresiendo komo persona;

- *Prosesá* bo doló. No pura bo proseso di sanashon. Laga Dios tuma Su tempu ku bo;

- *Kompartí* ku un persona ku por ta pasando den e mesun situashon ku bo, tur e lèsnan ku bo a i ainda ta sakando for di bo prueba.

Hasiendo esakinan lo bo keda perseverá meimei di e prueba i apesar di tur kos, lo bo tin goso. Pasobra bo bista no ta fihá únikamente ariba e doló, ma riba Dios i kon E ta formando bo i hasi bo kada bes mas fuerte. Ora bida ta dushi i fásil, bo no ta siña balorá ni kòrda riba Dios. Ta durante di e tempunan difísil akí bo ta siña bon kustumber, disiplinanan ku lo keda ku bo pa e rèstu di bo bida. Ta sorto di momentonan asina ku karanan lo drei wak bo i preguntanan lo kuminsá lansa den bo direkshon. Pasobra e no ta normal ku bo ta gosando apesar di bo doló. Hende ke sa bo sekreto. Abo lo smail i kontestá: "Ta Dios ta mi sekreto!"

Den e konteksto di prueba akí hende su estado por ta; sea el a kaba di sali un prueba òf e ta pasando den unu òf e ta saliendo for di su prueba. Abo awor, den kua di e tres estadonan akí bo ta na e momentonan akí?

No opstante, keda ku bo goso. Hari. Yora. Bolbe hari. Bolbe yora i sigui hari. Pa gosa ta un desishon konsiente ku bo ta tuma, e no ta bai di mes pasó no ta normal pa gosa miéntras bo ta sufriendo.

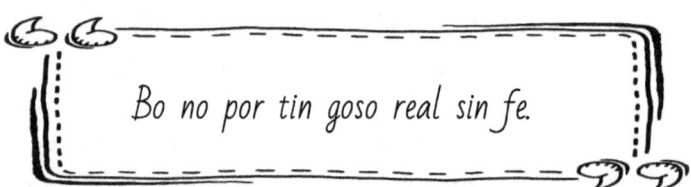

Bo no por tin goso real sin fe.

Pa bo tin goso meimei di prueba bo mester di fe. Segun Hebreonan 11:1 fe ta nifiká: "e siguransa di kosnan ku hende ta spera, e konvikshon di kosnan ku hende no ta mira." Ku otro palabra, *kere kompletu* sin nesesidat di mira. Dikon fe? Pasobra fe ta e base di bo relashon ku Dios. Romanonan 10:9-10 ta bisa ku bo ta risibí salbashon, pasobra bo ta *kere* den bo kurason. Pues e fe ku ta salba ta ora bo ta kere den e echo ku Hesus a muri na un krus pa bo pikánan i ku Dios a lant'É for di morto.

E mesun fe ku bo a mustra den Dios, pa asina bo a bira Su yu, e mesun fe akí lo mantené bo tambe meimei di tempunan doloroso. E fe akí lo yuda bo pa no djis sobrebibí, ma pa biba e bida ku forsa djariba ku ta bini di Dios. Nehemias 8:10b ta bisa; *"... e goso di Señor ta boso fortalesa."*

E fe mester ta primeramente den loke Dios a hasi pa bo, esta e echo di hasi bo Su yu. Fe ku Dios ta den kontrol, apesar ku ta parse ku tur kos ta bayendo robes den bo bida. Fe ku kada doló, ta parti di e plan grandi i perfekto ku Dios a diseñá pa bo bida. Fe ku Dios ta kumpli ku Su propósito den bo bida i ku tur kos lo obra huntu pa bon. Fe, ku e situashon akí lo no dura pa semper. Solo lo sali atrobe.

Bo fe lo krese, ora bo konosé Dios mas. Awor e pregunta klave; kon bo ta hasi konosé Dios mas? Dor di lesa Su Palabra, studia esaki i hasié parti di bo bida. Awendia tin diferente manera moderno, di teknología ku bo por probechá di nan pa konosé Dios mihó. Aki ta sigui algun manera práktiko pa logra esaki:

- Baha un èp di Beibel ku ta bon i sano riba bo telefòn. I miéntras bo ta hasi trabou di kas òf entrená skucha e versíkulonan;

- Forma un dushi grupo ku bo amiganan i huntu boso ta studia Beibel, miéntras boso ta bebe kòfi i ta purba un pasaboka diferente;

- Den bo tempu liber, skohe un lugá faborito i bai ku bo Beibel i un skreft bunita. Tur loke bo lesa, bo ta puntra Dios kon bo por apliká esaki na bo bida. Despues skohe un señora ku konosé Dios mihó ku bo, i ku tin eksperensia di bida i habri bo kurason i kompartí kuné tur loke bo a siña den siman. Kisas asta boso por plania pa topa ku regularidat.

> Mas bo fe den Dios krese, mas goso lo bo tin.

Goso ta muchu mas ku smail kisas asta un tiki fòrsá, òf kualke sintimentu di alegria pa un ratu. Goso ta lòs for di bida i kualke momento difísil, konfuso ku bo por ta pasando aden. Manera nos a mira na kuminsamentu di e kapítulo, goso ta un di e frutanan di Spiritu Santu, segun Galationan 5:22. Ke men, si bo ta un yu di Dios, Spiritu Santu ta biba den bo. E goso ku ta sali for di bo apesar di tempu fèrfelu ku bo ta pasando aden, esei mes ta un evidensia ku Dios ta biba den bo.

Laga goso ta parti di bo bida. Krea momentonan konsiente, na unda bo ta sòru di gosa. Riba tur kos, hasi bo mes e pregunta, kiko ta duna bo goso? Kiko ta hasi bo e hende ku bo ta? I kada bes, lo bo bira mas manera e hende muhé ku Dios a krea bo pa ta. Miéntras bo ta konosiendo Dios kada bes mihó, esaki siguramente lo produsí mas goso den bo. Kompartí bo goso ku un otro; wak rònt di bo i opservá si tin un dama mas yòn ku bo, na edat òf na eksperensia di bida. Forma un amistat kuné. Un amistat na unda bo ta tuma e enkargo pa pasa tur loke ku Dios ta siñando bo, inkluyendo bo goso, na e persona akí.

Bo no mester tin bo bida kompletamente bou di kontrol promé ku bo hasi esaki. Pasobra si ta asina, nunka lo bo por guia un otro. Importante pa e damita akí ta, pa e djis mira ora plannan kambia, tenshon subi, bida bòltu un ratu, kon bo ta dil ku nan. E echo ku nan por opservá ora bida ta fásil, pero tambe ora tin tenshon, kon bo ta trata bo famia i hende rondó di bo, por hasi e diferensia. Importante pa kada hende realisá ku bo ta hende, i preshon di bida i prueba por dal aden, ma e goso ta keda. E goso permanente akí ta ankrá den ken Dios ta, kual ta muchu mas grandi ku kualke doló i tenshon.

E ta oké pa sinti kansá i desanimá. Sin embargo, e pregunta klave; kiko mi ta hasi ku e sintimentunan akí? Na promé lugá "Papia ku Dios!", esta hasi orashon i asina tira bo karga riba djE. Hasi esaki ku e konfiansa ku Dios mes lo sostené bo. E lo no laga bo kai, segun Salmo 55:22 i Isaías 40:28 - 31.

Na di dos lugá aserká un hende muhé di konfiansa i kompartí kuné den un ambiente sigur, tokante bo sintimentunan. Un ambiente sin pre - huisio, na unda bo por papia sinsero i ku tur konfiansa. Pa habri ku un otro persona, por tuma tempu, spesialmente si den pasado bo a yega di eksperensiá traishon. Ma, tin persona ainda ku bo por aserká i konfia. Awor hasi bo mes e pregunta akí tambe; "Ami mes ta un persona di konfiansa ku otro por habri ku tur trankilidat kuné?"

Meskos, ora bo tin un frei òf muchu mas ainda un kasá, bo mester traha riba e relashon akí, i asina evitá ku e ta bira un rutina, laf, lokual ta pone bo pèrdè e goso. Di mes lo bo trata pa manda bo pareha un bunita teksto, lo bo purba mas tantu posibel pa siña di dje kiko e ta gusta, pa hasi eksaktamente loke ta lag'é sinti su mes bon.

Awèl di e mesun forma akí bo relashon ku Dios mester ta. Buska pa konos'É kada bes mihó i pa sa kiko E ta spera di bo. Wak maneranan kreativo pa bo krese den bo relashon kunÉ. Di e forma ei, bo relashon ku Dios lo ta dushi, pues un relashon ku bo lo tin goso den dje. Pèrmití Dios tuma e pió kapítulo di bo bida, esta bo doló di mas grandi i kambi'é den bo viktoria. Apesar di tur kos, lo bo eksperensiá goso riba goso.

> *Sòru pa bo trese goso pa otro rondó di bo,*
> *ora bo ta presente i no ora bo ta bai.*

Bo promesa, mi orashon

Señor Dios, mi ta bini Bo dilanti. Mi ta atmití ku hopi bia mi no tin goso. Mi ta skohe pa preokupá ora doló bin, pa kai den hansha ora mi ta sinti ku mi ta pèrdè kontrol. Kada un di mi dolónan mi ta pone den Bo man. Danki pa keda rekordá mi den Bo palabra ku mi goso ta bini solamente di Bo i ku Abo ta duna mi forsa na momento ku mi ta pèrdè forsa. Oumentá mi fe i asina siña mi kon pa aworakí mes mi tuma kada promesa i usa nan pa mi mes bida. Sabiendo ku Abo ta den shelu, pero ei mes Bo ta aki huntu ku mi, kaminda ku mi ta. Abo ta muchu mas fuerte ku loke mi ta sinti. Keda mustra mi ku e prueba akí ku mi ta pasando aden, no a bini riba mi pa kaba ku mi, ma pa mi siña un lès bunita for di dje i tambe pa yuda mi konsolá otronan na e mesun manera ku Abo ta konsolá mi. Mi ta skohe pa kere Bo Palabra i Bo promesanan i asina keda ku goso asta meimei di tempunan fèrfelu. Yuda mi keda skohe konsiente pa ta yen di goso i pa kompartí esaki ku esnan rondó di mi. Spesialmente ku hende muhé mas yòn ku mi. Mi ta pone mi doló den Bo man, i ta aseptá Bo forsa, konsuelo i sanashon for di Bo promesanan ku man habrí. Mi ta dediká mi mente pa keda pensa riba e promesanan di e Palabra di Dios kada bia ku mi sinti mi goso ta bai i ta sinti mi disgustá i fadá. Mi ta skohe pa keda mira riba loke Bo ta hasiendo den mi bida, via di e prueba akí. I miéntras mi ta prosesando mi doló, Abo kambia mi di un hende muhé malkontentu, pa un muhé ku fe, kargá ku goso. Den e nòmber di Kristu Hesus. Amèn!

Bo a lesa e orashon akí? Skirbi den e espasio habrí bo mes orashon segun e tema ku nos a trata. Keda kòrda ku E promesanan di Dios ta nos orashon!

Nota kon e versíkulonan akí por kambia bo bida:

Santiago 1:2-4;

2 Korintionan 1:3-4;

Génesis 50:20;

Romanonan 10:9-10;

Romanonan 5:3-4;

Deuteronomio 8:2;

1 Juan 5:4;

Isaias 40:28-31;

Segun mester, usa e páginanan bashí libremente pa hasi anotashon!

Yama danki pa ...

kada bes ku bo a:

Fecha	Gosa di bo bida i a hari duru

	Yena e hòkinan, segun mester! Si mester mas espasio, sigui riba e páginanan bashí di nota! Deskribí riba e páginanan pa anotashon, maneranan kreativo ku lo krese bo goso, tur dia di nobo! Nota tambe kon abo por kontagiá otronan rondó di bo ku bo goso!

Pens'é, Not'é!

Pens'é, Not'é!

Pens'é, Not'é!

Pens'é, Not'é!

Kapítulo 7.
Mi GPS: Guiansa Personal di Señor

"Pa buska Dios ta e aventura di mas grandi."

Kiko e palabra "guiansa" ta nifiká? Guiansa ta bini di e palabra "guia" i dikshonario ta definí e palabra: "pa diriguí òf orientá un persona ku konseho òf informashon". Tambe e por nifiká e echo di bai dilanti òf huntu ku un persona i asina indik'é un lugá, direkshon òf kaminda. Un ilustrashon kla di esaki, ta "GPS". GPS ta para pa "Global Positioning System", kual ta un sistema digital por ehèmpel den bo outo ku ta lokalisá e kaminda ku bo ta i e lugá na unda bo ke bai. Kiko ta klave di un GPS? Krusial pa un GPS ta unda bo ta aktualmente, pues bo posishon, promé ku bo yega kaminda bo mester yega. Importante ta e echo ku riba bo mes bo no por yega e destinashon ku bo ta deseá. Pues bo ta dependé riba e guiansa di e GPS i su sabiduria pa asina bo yega bo destinashon. Ban wak un ilustrashon den Beibel tokante guiansa.

Den 1 Reinan 3:16-28 bo por lesa tokante e rei Salomon. Rei Salomon tabata konosí e tempu ei i ainda komo e rei di mas riku na sabiduria, na sèn i rekurso. Ora el a kaba di sinta komo rei, el a haña su mes konfrontá ku su promé kaso. Un kaso kompliká i yen di tenshon. E kaso tabata trata 2 prostituta. Tur 2 tabatin un yu beibi. Den un anochi un di nan sin ku e por a yuda, a bòltu i drumi riba su yu. Ora el a deskubrí su fayo, ya su beibi tabata morto. Lihé lihé el a kore kambia su yu morto pa e beibi di e otro mama. I ora e otro mama a lanta mainta, el a mira ku su yu tabata morto. Sin embargo, e mama ku su instinto di mama, a ripará mesora ku e beibi morto akí no ta su yu. Ma e otro a kambia e yunan sin ku e tabata sa, pues esaki a resultá den un diskushon. I dor ku nan no por a sali afó, nan a bai dilanti di rei ku nan situashon.

Imaginá bo Salomon komo hende hòmber, ta hañ'é konfrontá ku no unu, pero dos hende muhé desesperá. Kualke mama ku topa su yu morto, lo kai sigur den pániko. Mas ainda, ora e realisá ku e beibi morto akí no ta su yu, ma yu di e otro señora. Awor ta na Salomon pa tuma un desishon, meimei di tur e desesperashon ei, antó purá.

Salomon a hasi orashon i a pidi Dios pa yud'é, gui'é den e desishon ku e mester tuma, pasó e no sa kua banda pa kue. Tur dos mama ta mustra sinsero, sin embargo ta unu ta papiando e bèrdat. Ma Salomon no sa ta kua. Asina ei Dios a papia ku Salomon pa e bisa e mamanan ku e no por sali afó ta di kua mama e yu na bida ta i ku e ta skohe pa parti esun yu na bida ei na dos. Na momento ku Salomon a trese esei dilanti di e mamanan, esta ku e lo parti e yu na dos i kada un lo haña mitar di e kurpa di e beibi, e mama ku a kambia e yunan sin ku e otro a mira, a grita "Si; partié numa". Miéntras ku e mama ku tabata papia e bèrdat a roga i a bisa: "No mata e yu. Mihó duna e yu bibu numa na e otro mama." Mesora rei a kontestá ku awor ta opvio kua ta e bèrdadero mama. Pasobra un mama di bèrdat lo preferá mira su beibi keda na bida i den brasa di un otro mama. Miéntras ku e otro tabatin e aktitut di; tòg di mi a muri kaba, pues awor abo i ami ta keda sin yu.

Bo tambe a yega di haña bo mes meimei di tenshon, sin sa kiko pa hasi, manera Salomon? Kòrda riba e GPS. Djis rekonosé bo posishon, pues ku bo ta na un punto ku bo no sa kiko pa hasi, i ku bo tin mester di Dios Su guiansa. Konfia ku meskos ku e GPS sa kon pa guia bo pa bo kore yega na e destinashon, asina tambe Dios lo duna bo e sabiduria pa bo yega na un solushon. Beibel ta bisa den:

Proverbionan 3:5-6
"Konfia den Señor ku henter bo kurason,
i no dependé riba bo mes komprendementu.
Den tur bo kamindanan rekonos'E,
i E lo dirigí bo berehanan".

Pidi Dios sabiduria pa bo sa kiko bo mester hasi i e kurashi pa bo aktua segun e instrukshonnan ku E ta duna bo. Moisés tabatin e tarea pa guia Dios Su pueblo, Israel. Pero Moisés tabata konsiente ku ta solamente Dios por a yud'é hasi esaki. P'esei tambe Dios ta bisa na Moisés den:

Éksodo 33:14-15
"Mi presensia lo bai ku bo i lo Mi dunabo sosiegu."
Anto Moisés a bis'E: "Si Bo presensia no ta bai ku nos,
no hiba nos for di akinan."

Meskos ku Dios a guia Su pueblo den desierto, di e mesun manera E por hasi pa bo tambe i asina mustra bo e kaminda ku bo mester kana. Beibel ta bisa den:

Deutoronomio 1:33
"Kende ta bai boso dilanti riba boso kaminda
pa buska un lugá pa boso kampa:
anochi den un kandela i di dia den un nubia,
pa mustra boso e kaminda ku boso mester pasa."

E Dios ku a yuda Salomon mas di 2000 aña pasá, e mesun Dios ei t'ei awe ku bo den e tempu akí. Papia kunÉ; kont'É bo frustrashonnan. Meskos ku bo ta drei kue telefòn, yama bo mihó amiga i kont'é kon bo koleganan a fada bo awe i awor si bo ta kla ku nan, na mes manera habri bo kurason ku Dios. I E lo guia bo den kiko ta e siguiente paso ku bo mester tuma. Manera menshoná Dios ta usa diferente manera pa papia ku bo miéntras bo ta buskando kiko i kon pa hasi.

Den Numbernan 22:21-39 tabatin un profeta. Profeta ta simplemente un persona ku Dios tabata usa e tempunan aya pa papia ku e hendenan, pues nan tabata papia e mensahe di Dios ku reinan i ku e pueblo. Awèl e profeta akí tabata kabesura; e no ker a obedesé Dios pa nada. E ironia ta ku un profeta mester mester tende di Dios promé, pa asina e por papia e loke ku el a tende di Dios ku e hendenan. Pero den e kaso akí, e profeta akí a haña ta bon pa e kue su mes kaminda. Un dado momento e tabata riba un buriku riba kaminda pa e bai hasi loke e tabata ke. E tempu ei hende tabata usa buriku komo un medio di transporte. E momento ei tabata e profeta só huntu ku e buriku. Dado momento Dios a pone e buriku ei papia kuné. Despues Señor a habri su wowo i e por a mira e angel di Señor; di spantu el a dal abou, kai ku su kara te na suela.

Awendia ta usa outo pa bai e kaminda ku bo tin di bai. Awor, pone bo na lugá di e profeta. Dios a papia ku bo, hende a konfirmá bo e loke Dios a bisa bo, pero ketu bai bo ta insistí ku ta e loke abo ke bo ta hasi. Koriendo den bo outo, bo outo a kuminsá papia ku bo. No bo radio; pero bo outo mes. Siguramente lo bo para e outo i kore limpi bai pa hasi e loke ku Dios a bisa bo hasi for di prinsipio.

Kasi sigur bo ta hasi bo mes e pregunta: "Kon mi por sa ora Dios ta guia?" Un manera klave ku bo por sa ora Dios ta guia ta:

Loke bo ta sinti den bo kurason, ta bai kontra Dios Su Palabra? Si e kontesta ta si, e ora ei bo sa klaramente ku e deseo òf e desishon ei no ta bini di Dios. Un ehèmpel ta si bo ta interesá den un persona kasá. Pa Dios matrimonio ta algu sagrado i E no ta aprobá un relashon amoroso èkstra den e matrimonio akí, segun entre otro Proverbionan 6:32. Den e versíkulo akí ta usa e palabra "hòmber", miéntras ku e ta referí no solamente na hende hòmber, ma na hende muhé tambe. Pues, hende muhénan; nos no a skapa di e òrdu akí. Por sierto, Dios ta bai dje leu ei ku asta sin ku e personanan a tene relashon seksual ku otro, pero a mira otro i a deseá otro seksualmente, E ta konsiderá e deseo ei adulterio. Pasobra e akto di relashon seksual akí ta kuminsá for di den e kurason. Ku e deseo, anhelo, pashon i tiki tiki esaki ta hiba na e akto di tene relashon seksual.

Un otro manera ku Dios por ta papiando ku bo ta, na momento ku konstant e mesun kos ta keda bin dilanti. Por ehèmpel bo ta lesa Beibel i kisas e mesun versíkulo ku bo sa lesa mas biaha, awor ta haña total un otro nifikashon pa bo. Òf tambe bo ta sende bo radio, i ta nèt e palabranan di e versíkulo ei ta keda bini dilanti. Un persona ku no sa di nada, ta bin bisa bo e mesun kos. Asin'ei tin diferente manera mas.

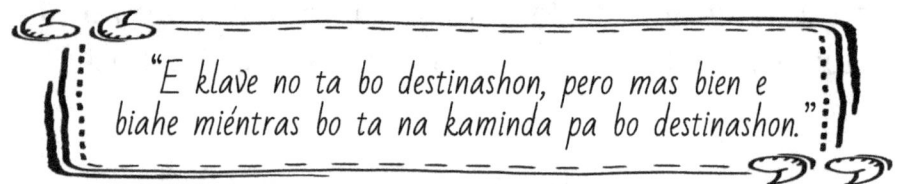

"E klave no ta bo destinashon, pero mas bien e biahe miéntras bo ta na kaminda pa bo destinashon."

Dios a papia ku bo? El a usa vários forma, pa E konfirmá Su mensahe na bo? Awor kiko bo ta hasi ku tur loke El a mustra bo?

Loke nos ta bai trata aki ta únikamente un forma pa animá bo, pa rekordá bo kiko Dios a mustra bo ku E tin wardá pa bo. Kon bo ta yega na esaki? Dor di diseñá bo propio *bòrchi di direkshon*. E *bòrchi di direkshon* ta un hèrmènt ku lo yuda bo visualisá bo biahe pa yega na bo destinashon. Bo destinashon ta pa alkansá e propósito di bida espesialmente pa abo. Kòrda e ekspreshon: "E klave no ta e destinashon, pero si henter e biahe pa yega ei."

Pa bo yega na realisá bo propósito, bo mester pasa henter un trayektoria. I bo mester ta atento na Dios Su guiansa pa sa unda E ta hiba bo, pues den kua direkshon. Pa purba haña un bista di kiko ta e propósito di Dios pa bo bida, ta importante pa bo kontestá e siguiente preguntanan:

- o Kiko mi kurason ta kima p'e?
- o Kiko ta mi talentonan?
- o Kiko mi ta dispuesto pa hasi asta sin niun hende paga mi?
- o Kiko ta molestiá mi? Òf kiko mi ke mira diferente?

E kontesta ariba e preguntanan akí, por duna bo un indikashon na unda Dios ta guiando bo. Kon bo por hinka e *bòrchi di direkshon* akí den otro? Dor di bolbe wak kada kontesta ku bo a duna na e preguntanan akí. Pa kada kontesta, pinta esaki òf buska un imágen sea den un revista òf ònline ku ta kuadra ku bo kontesta. Por ehèmpel, si bo tin e pashon pa kushiná i bo deseo ta pa habri bo mes negoshi di bende kuminda; riba un papel A-4 òf den un dokumento den e programa di compiuter "Word" pone un imágen di un kuminda i un kòki pará na banda.

Un otro ehèmpel por ta; dòkter a bisa bo i finalmente bo ta rekonosé ku dòkter tin rason den e echo ku bo mester baha di peso. Pone un plachi di tal sistema ku kada bes bo mir'é bo ta kòrda bo mes ku ta tempu pa bo kuminsá kome mas salú i hasi ehersisio. Asina ei tin vários pashon mas ku Dios ta poniendo den bo kurason òf direkshon, i asina E ta mustra bo na unda E ke hiba bo.

Kiko e *bòrchi di direkshon* akí lo hasi ku bo bida? Hopi kos lo kambia drástikamente, entre otro bo:

- o Bida mes;
- o Desishonnan tantu grandi komo chikitu;

- Deseo mes di ke lanta kada mainta pa kuminsá bo dia.

Dikon? Pasobra lo bo biba mas konsiente, mas dirigí riba Dios i tur loke E tin wardá pa bo. Tene na kuenta si ku bo bòrchi no ta algu pa bo tene na dje. E ta simplemente un rekordatorio di tur loke Dios a mustra bo ku E tin pa bo. Pues, e tin di sirbi únikamente komo un motivashon pa bo biba mas konsiente. Te na ora e plannan òf deseonan akí kambia mes, no preokupá ni pèrdè kabes. Esaki ke men ku Dios tin algu mas grandi ainda pa bo, ku loke abo a imaginá bo mes. Aki ta sigui un guia na momento ku bo ta traha bo propio bòrchi di direkshon. I mas abou tin mi bòrchi di direkshon, kual bo por usa komo ehèmpel.

Versíkulo..........................

"..
....
...."

Mi karakter: kiko Dios ke kambia den mi karakter?	Mi famia: kon ami por ta un bendishon pa nan?	Mi tempu liber: kon mi por usa mi tempu liber mihó?
Mi salú: kiko por yuda mi biba mas salú? P.e. bebe mas awa i kome mas fruta i bèrdura	Mi talento i konosementu: kon mi por usa esakinan mihó?	Mi kreatividat: kon mi por varia den mi rutina di tur dia?
Mi matrimonio i / òf relashonnan personal: kon ami por drecha mi relashonnan mas ainda?	Mi trabou sea pafó òf den kas: kon ami por krese den mi prestashon?	....

Esdras 10:4
"Lanta! Pasobra e asunto aki ta bo responsabilidat, ma nos lo ta ku bo; tene kurashi i aktua."

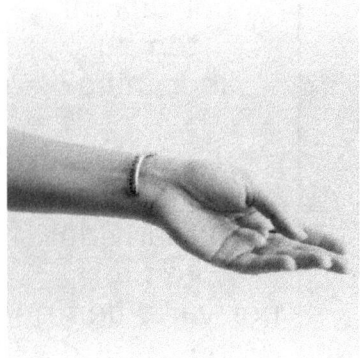

Kada bes ku un oportunidat presentá, puntra Dios kiko E ke pa bo hasi. Si di bèrdat bo ta un yu di Dios, bo tin e Spiritu Santu di Dios ta biba den bo. Ken ta Spiritu Santu? Dor di e "Spiritu" den e nòmber, kisas e por ta zona misterioso. Sin embargo, e no ta nada misterioso. E Spiritu Santu ta parti di E Trinidat Divino. E Trinidat Divino ta; **Un** Dios so pero den 3 divino persona; Dios Tata, Dios Yu i Dios Spiritu Santu. Den e Trinidat, Dios Tata, Dios Yu i Dios Spiritu Santu ta ehersé un funshon diferente. Dios ta ser referí komo Dios Tata, Hesus komo Dios Yu i Spiritu Santu komo e Konsehero. Dios a manda Hesus, Kende ta Su úniko Yu pa bin aki na mundu den forma di hende. Siendo aki na mundu, Hesus tabata 100% hende i 100% Dios. Pa e motibu akí Hesus ta komprondé bo muchu mas. E mes tambe tabata Hende. Pues, ku tur konfiansa bo por yega serka djE den orashon i pidiÉ pa mustra bo na un forma kla kiko pa hasi, segun Hebreonan 4:14-16.

Beibel ta papia di Spiritu Santu komo Konsehero Maravioso, Konsoladó i Abogado. Konsehero Maravioso, pasobra E sa di papia ku bo i duna bo konseho den e momento ku mas bo tin mester di dje. Kòrda na prinsipio di e kapítulo akí, kiko El a hasi pa rei Salomon. Samuel a siña bisa Dios den:

1 Samuel 3:10
"Papia Señor, pasobra Bo sirbidó ta skucha".

Na final di kada aña, evaluá pa bo mes kon e aña a bai. I djis puntra Dios, kiko E tin pa bo den e aña nobo ku ta bai habri. Laga Dios duna bo un palabra, tambe un versíkulo klave pa bo tene na dje. Ta ideal pa hasi esaki na fin di aña pa bo habri e aña nobo bo dilanti ku un meta spesífiko. Sin embargo, sinti bo liber pa hasi esaki kualkier momento durante aña tambe, kontal ku bo ta biba bo bida, ku Dios komo bo anker i segun Su propósito pa bo bida. Huntu ku Dios Su Palabra, e Beibel, tambe un versíkulo klave, esakinan lo sirbi komo inspirashon i motivashon pa yuda bo keda ku bo kabes riba awa apesar di momentonan difísil, ku sin duda lo presentá.

Kòrda ku e anker no ta stroba e olanan di keda suta, ma e anker lo sòru si pa bo no lòs, ma pa bo keda bon ankrá. Unabes Dios guia bo den e kaminda ku bo tin ku kana, bo desishon lo no ta influensiá pa e olanan brutu ku bida por trese kuné. Si mi tin yen di nota di müzík, ekipo di zonido i instrumento den mi man, tur esaki lo no nifiká muchu. Sin embargo, nan tur den man di un gran músiko, lo krea e músika, zonido, konsierto di mas bunita. Meskos ora bo entregá Dios bo bida kompleto, ku tur e eksperensianan dushi, pero tambe esnan doloroso. Dios ta e gran Maestro ku sa presisamente kon E por saka di bo bida, e mihó músika. Dun'É bo bida i laga E hasi e loke ku E só por hasi. No ta pòrnada E ta Dios. Konfia Dios, despues hala atras i mira milagernan tuma lugá den bo bida!

Dios ta e mihó GPS pa bo bida!

Laga lòs na bo soño pa bo bida i gara na Dios i na e propósito ku El a mustra bo ku E tin pa bo. Ami a traha un bunita plan pa mi bida; kua estudio mi ta bai sigui, e karera ku mi ke forma i na unda mi lo traha, e bunita outo ku mi lo kore, e tipo di kas ku mi ta deseá den un sierto bario i ku ken mi ta bai kasa. E plan tabata tremendo; solamente mi no a konsultá niun momento só ku Dios. Na momento ku e plan akí a pega, finalmente mi a papia ku Dios di mi plan. Dios a bin mustra mi un diseño pa mi bida totalmente diferente. Despues di hopi lucha mi a logra laga bai na mi diseño pa mi bida i a skohe pa sigui Dios i Su kaminda pa mi. Kanando den Su plan pa mi bida, mi tin Dios Su pas. E mes ta sali na tur momento pa mi. Finalmente, mi ta bibando e mihó bida ku Dios tin reservá pa mi. Manera Dios ta bisa den:

Isaías 64:4
"Pasobra for di tempunan aya nan no a tende,
ni nan orea no a persibí,
ni wowo no a mira un Dios fuera di Bo,
Kende ta obra pa esun ku ta spera riba djE."

No opstante e etapa di bida ku aktualmente bo ta aden, bo tambe por eksperensiá esaki. I solamente ora bo laga lòs for di bo propio plan i skohe pa laga Dios guia bo komo bo GPS den e bida ku E tin diseñá pa bo for di promé ku El a forma bo.

Bo promesa, mi orashon

Tata Santu, mi ta yega serka Bo di nobo. Pordoná mi pa ta insistí di hasi e loke ami ke. Mi no sa unda mi ta pará, te pa mi komprondé unda Abo ke hiba mi. Mi ta entregá na Abo, mi falta di konfiansa den Bo i mi orguyo. Yuda mi vense nan. Danki pa pone den Bo Palabra, ehèmpel di hendenan ku a pidi Bo pa guiansa i Bo a guia nan na un forma kla. Duna mi fe i asina siña mi kon pa mesora mi kue kada promesa i usa nan pa mi mes bida, konsiente ku Abo ta sòru pa mi bienestar. Bo ke ta mi Dios dor di guia mi i mustra mi e kaminda ku mi mester skohe. Abo ta mira muchu mas aleu ku loke ami por mira i komprondé, pasobra Abo sa henter e panorama kaba. Keda konfirmá na mi kiko ta tur loke Bo tin wardá pa mi i asina yuda mi biba konsiente di esaki. Ku e deseonan ku Abo ta pone riba mi kurason, lo sirbi di motivashon pa mi sigui konfia den Bo. I mira portanan habri. Prepará mi kurason pa mi keda spera riba Bo i pa ora e momento yega i Bo habri porta pa mi, yuda mi kana drenta e portanan ku konfiansa. Siña mi disfrutá, miéntras mi ta sperando riba kontestanan di orashon. Yuda mi stima Bo pa ken Bo ta i no pa loke Bo tin pa mi. Mi ta skohe pa kere i biba Bo Palabra i Bo promesanan. Prepará mi pa yuda guia otro damanan ku ta sigui despues di mi. Den e nòmber di Kristu Hesus. Amèn!

Yena den e espasio bashí kon bo por apliká e orashon akí na bo bida: ....

Deskribí pa bo mes, kon e versíkulonan akí por kambia bo bida:

1 Reinan 3:16-28;

Proverbionan 3:5-6;

Éksodo 33:14-15;

Numbernan 22:21-39;

Hebreonan 4:14-16;

1 Samuel 3:10;

Usa e páginanan bashí libremente pa hasi anotashon!

Yama danki pa ...

kada bes ku bo a:

Fecha	Mira kon Dios ta guia bo i bo a hasi e loke ku E ta mustrá bo

	Yena e hòkinan, segun mester! Si mester mas espasio, sigui riba e páginanan bashí di nota!
	Deskribí riba e páginanan pa anotashon, maneranan simpel i tambe grandi kon Dios ta guia bo. Hinka bo "bòrchi di direkshon" den otro. Ta habrí si Dios ke kambia esaki na Su manera i tempu!

Pens'é, Not'é!

Pens'é, Not'é!

Pens'é, Not'é!

Kapítulo 8. Bo Palabra, mi desishon

E buki akí a trata vários promesa tokante miedu, bendishon, firmesa pa keda para stret i no kai den trampa, e echo di sinti bo mes sigur, aseptá i balorá den Kristo, bida na abundansia, felisidat i goso, i finalmente Señor Su Guiansa Personal.

Sin embargo, promé ku bo skohe pa basa bo orashon ariba e promesanan bíbliko ku ta enserá e bèrdatnan akí, ta importante pa bo hasi bo mes e pregunta akí: "Mi a yega di entregá mi bida na Dios?" Kiko presisamente esaki ta nifiká?

Dios ta un Dios perfekto, sin mancha. I komo hende bo ta keda faya tur dia di nobo. Puntra bo mes, djis den un solo dia, kuantu bia bo a pensa, papia i hasi kos robes? Tantu konsiente komo inkonsiente. Ma Dios siendo Santu, no tin nada di hasi ku piká, pues piká ta algu kompletamente kontra e naturalesa di Dios. Pero, tin un bon notisia! Dios ta stima bo asina tantu, ku El a entregá Su úniko Yu, Hesus, pa bini na mundu mas di 2000 aña pasá. El a tuma kada un di bo pikánan riba djE i a muri na un krus na bo lugá. E mes no a hasi niun piká, pero pa amor El a karga bo pikánan i a tuma e kastigu ku abo ta meresé. E tempunan ei, hendenan ku kometé aktonan bèrgonsoso tabata haña kastigu di morto na un krus. Pues, tabata un morto umiyante. El a sufri bèrgwensa i doló pa motibu di Su amor asina grandi pa bo. Beibel ta bisa den:

> **Juan 3:16-17**
> *"Pasobra Dios a stima mundu asina tantu,*
> *ku El a duna Su Yu unigénito,*
> *pa ken ku kere den djE no bai pèrdí,*
> *ma tin bida etèrno.*
> *Pasobra Dios no a manda e Yu den mundu*
> *pa kondená mundu,*
> *ma pa mundu wòrdu salbá dor di djE."*

Wak bo bida; rekonosé tur e kosnan robes ku bo a hasi. Menshoná nan na nòmber. Komprondé ku bo a faya, sinti duele, pidi Dios pordón i pidiÉ bin biba den bo kurason. Dios Su Palabra ta bisa den:

> **Romanonan 10:9-10**
> *"ku si bo konfesá ku bo boka Jesus komo Señor,*
> *i kere den bo kurason ku Dios a lant'E for di e mortonan,*
> *lo bo ta salbá; pasobra ku kurason hende ta kere pa haña hustisia,*
> *i ku boka e ta konfesá pa haña salbashon."*

Asina lo bo bira un yu di Dios, manera Beibel ta bisa den:

> **Juan 1:12**
> *"Ma tur esnan ku a risibiE,*
> *na nan El a duna e derecho pa bira yunan di Dios,*
> *esnan ku ta kere den Su nòmber".*

Parti di e derecho ku bo ta haña komo Su yu, ta e echo ku Spiritu Santu ta bin biba den bo kurason.

Yama riba Dios pa E yuda bo hiba un bida manera E ke, no perfekto, pero si ku deseo pa konos'É mihó i pa bira mas manera E. Spiritu Santu di Dios ta biba den bo kurason i e poder ku E ta duna bo awor, ta yuda bo pa:

- Vense miedu;
- Haña bendishon i ta un bendishon pa otro persona rondó di bo;
- Keda para firme, stret sin kai den trampa;
- Biba sigur, aseptá i balorá den Kristo;
- Biba un bida abundante;
- Ta felis i yen di goso;
- Buska i laga Dios duna bo guiansa personal komo bo mihó GPS.

Tur esakinan i mas Dios tin wardá pa bo. Ta na abo si bo ta aseptá e regalo bunita akí.

Bo a skohe pa aseptá Dios Su regalo na bo? Si ta si, awor komo Su yu, ta importante pa bo krese den bo relashon kunÉ. E puntonan akí lo yuda bo den bo biahe nobo di bida, kualnan ta:

- Buska un bon Beibel, esta E Palabra di Dios;
- Apartá tempu tur dia pa lesa bo Beibel, asina bo ta pèrmití Dios papia ku bo i abo ta papia kunÉ pa medio di orashon;
- Buska un bon Iglesia ku ta papia di Dios i ta prediká e Palabra di Dios, pa bo asistí.

Ku e buki akí lo ta di yudansa, sostén i guiansa pa bo durante kada etapa di bo bida i asina yuda bo bira kada bes mas manera e hende muhé ku Dios a krea bo pa bo ta. Ku lo bo logra bo máksimo potensial, sin ningun límité. Miéntras bo ta kresiendo den e konosimentu di Dios, lo bo deskubrí mas promesanan pa medio di kua E ta papia dirèkt ku bo.

I ken sa, e siguiente buki kisas abo lo ta e outor!

Mi orashon na Dios

www.ingramcontent.com/pod-product-compliance
Lightning Source LLC
Chambersburg PA
CBHW070900080526
44589CB00013B/1149